JN115496

ユニコ舎

目次

第二幕　消えない弾痕　43

第三幕　お汁粉の月　67

題字　宝田明
構成　安木由美子
写真　高島史於
装丁　芳本亨

プロローグ

送別歌

「送別歌」作詩・宝田明

今朝送別我朋友
不説別話聴我歌
将来我要来看你
要空請来看々我

※「送別歌」意訳

今朝、相別れる友よ
別れの言葉はいりません。ただ私の歌（想い）を聞いてください
いつかきっと、あなたに会いに行きますから
どうか、あなたも再び私に会いに来てください

十二歳。それは子供ながらに自分の目の前の世界を観察し、理解できる限りにおいて、そこから生きる術をつかみ始める頃です。「送別歌」は第二次世界大戦終結後、少年だっ

た私が引揚船に乗せられて満州から日本へ向かう、その日の心境を詠んだ漢詩です。もちろん、当時は離れゆく大陸を言い表せない想いで眺めていたに過ぎません。この詩は、満州からの引き揚げ後、一家で上京して少し生活が楽になった高校生の頃に、満州時代を回顧して詠んだものです。

満州南部の軍港・葫蘆島からの出港は、夢にまで見た祖国日本へ向かう喜びもありましたが、満州での生活すべてを捨て、背中のリュックサック一つに、生き延びるために必要なものとわずかな思い出を詰め込んだだけの、心もとない旅立ちでもありました。

ハルビンから引揚船に乗るまでの過酷な道のり、友との別れ、まだ見ぬ祖国への期待と不安などの入り混じる想いを、李白や杜甫のようなわけにはいきませんが、惜別の情として七言絶句に込めて詠んだのです。漢詩は、満州で過ごした少年時代に学校で習っていました。

十九歳で東宝の第六期ニューフェイスに合格してから今日まで、私は俳優として生きてきました。しかし、映画俳優になることを夢見ていたわけではありません。中学・高校時代に演劇部に所属していたとはいえ、まさか自分が華々しい銀幕の世界に足を踏み入れ、生涯を役者として生きることになるとは考えてもいませんでした。

私は十一歳のときに満州で終戦を迎えました。引揚者として、帰国後は貧しい生活が続き、中学生の頃からアルバイトに明け暮れていたので、将来に対する夢や希望を持つ余裕などまったくありませんでした。大学を出てサラリーマンになれたらいいな、くらいの漠然とした夢を持つのがせいぜいです。生活は本当に苦しかった。貧しさに耐え忍ぶ生活が続く中、親に迷惑をかけるわけにはいきません。高校生になると死ぬほどアルバイトをして、稼いだお金の半分は生活費として親に渡し、残りの半分で参考書を買って受験勉強をしていました。唯一の楽しみは、なんとか残せたわずかばかりのお金を持って映画館へ通うこと。電車賃さえ惜しくて、映画館へはいつも走って行ったものです。逸る気持ちが、私の足を楽々と前に進ませました。今の私には到底できませんが、若さにはそういうエネルギーがあります。息急き切って到着した映画館。シートに体を沈めれば、その瞬間から私は現実を離れ、スクリーンに繰り広げられるもう一つの世界に没頭することができました。一九五〇年代の名作の数々に感激し、驚き、世界の広さに目を開かれるような喜びがありました。

満州で暮らしていた子供の頃から映画が大好きだった私にとって、外国映画は、異文化に触れることのできる世界の入り口でした。そんな憧れの夢のような世界で、まさか自分が役者として演じる側になるとは、想像もしていませんでした。幸運にも与えられたチャンスを手にして始まった役者人生は、決して順風満帆（じゅんぷうまんぱん）ではありませんでしたが、たくさんの人に支えられて今日まで続けることができ、振り返れば六十六年という歳月を重ねていました。

東宝ニューフェイス合格後、半年足らずでデビューの機会に恵まれた私は、一九五四（昭和二十九）年、二十歳のときに『ゴジラ』に出会います。敗戦からわずか九年。東宝が社運をかけて製作した日本初の怪獣映画に、デビューしたての私が主演として抜擢されたのです。出演三本目の作品での主演でした。『ゴジラ』はその後、五十年間にわたり、続編が次々と製作され続け、ハリウッドでも主役を張る息の長いキャラクター、東宝の一大スターとなりました。私は第一作の『ゴジラ』のほか、五作品に出演し、いわば〝ゴジラ〟の同級生であり、生き証人といえるかもしれません。そしてこの作品をきっかけに、私も主演映画が増えていったのです。

以来、六十五年、俳優として映画だけでなく、舞台、テレビドラマでさまざまな役柄を演じてきました。映画ではラブロマンスからコメディタッチのもの、シリアスな役どころまで、甘いものから辛いものまで、多いときには年間十五作品に出演したこともあります。

今では考えられませんが、午前と午後で異なる映画の撮影をしたこともあったのです。それは映画産業華やかなりし頃のこと。撮影が終われば毎晩のように同期の仲間たちと歓楽街へ繰り出し、威勢よく飲み歩いたものです。若さゆえ、ネオン揺らめく夜の街では映画さながらに破天荒な活躍もしました。

戦争の爪痕は小さな棘のように街に、人の心に残っていましたが、人々はどん底からの復興に活気づいていました。やがて世の中は好況に沸き、それに伴って映画界も全盛期を迎えます。右も左もわからないながら、怖いもの知らずで好奇心旺盛な青年だった私は、無我夢中で仕事と遊びに励み二十代を駆け抜けました。

三十歳になると、今度はミュージカルに出演する機会に恵まれました。映画界にデビューしてから十年が経った頃です。再び新たな世界への挑戦です。できるだろうか、これまで培ってきた映画俳優としての経験は活かされるだろうか。期待と不安の入り混じる中、最後は湧き上がるチャレンジ精神の内なる声を信じて飛び込みました。いざという場面で大胆不敵な性格が現れるのは、子供の頃からの私の癖のようなものです。舞台ならではの発声や身のこなし、ダンスを猛勉強し、大きな劇場で上演されるブロードウェイのヒット作から、お客さんの体温が感じられるような小劇場での作品まで、数多くの作品に出演しました。気がつけばこれまでに映画は百五十本近く出演し、舞台公演の回数は八百ステージを超えています。自分でも出演作品のリストを眺めると、しみじみと驚くほどです。よく働いてきたなあ、と。

その後、年齢を重ねるにつれ、青年時代の正統派の役どころから次第にちょっとコミカルでダンディな一面も、テレビドラマやＣＭ、司会、バラエティなどで、皆さんにお目にかける機会が増えていきました。どこかのほほんとした私の陽気な性格が、知らず知らずのうちに画面からにじみ出ていたのでしょう。人気アイドルのお父さん役、おじいちゃん役もずいぶん演じましたから、若い人にはそんな姿の方が印象的かもしれません。

リュックサック一つで始まった引揚者の暮らしから、無我夢中で生き、この体と心のすべてを使って与えられた仕事に取り組んできました。たくさんの人と出会い、また別れも経験しました。

そして六十代になった頃からでしょうか、「俳優・宝田明」としてだけでなく、「人間・宝田明」として自身の経験を述べる機会が少しずつ増えてきたのです。

私の経験。それは満州で終戦を迎えた一人の引揚者として、一から人生を歩んできた軌跡（きせき）にほかなりません。敗戦直後、この国では私のような引揚者だけでなく、外地に取り残されてしまった残留孤児、原爆や空襲で親兄弟を亡くした戦争孤児、シベリアから命からがら帰還した抑留者、戦地で体の一部を失った傷痍軍人、戦場と化した沖縄でかろうじて生き延びた民間人、日本の各地で差別を受けた朝鮮の人々……誰もが傷つき、憔悴しきっていました。

「すべてを失った」と呆然としながらも、日々の営みから逃れることはできません。誰もが家族を養い、子を育て、食べること、生き延びることに精いっぱいの時代でした。「辛い」「苦しい」などと嘆く余裕さえなかったはずです。

忘れてはならないのは、それがたった七十五年前の話だということです。若い人にとって七十五年とは、大昔のように思えるかもしれません。けれど、考えてみください。現生人類が現れたのが二十万年前、人類のもっとも古い文明であるメソポタミア文明が発生したのが紀元前六〇〇〇年、現代においてもっともポピュラーな紀年法である西暦が二〇二一年……人類の長い歴史の中では、ほんの一行にも満たないということを。

戦争体験は私の人生の中で、消し去ることのできない事実であり、宝田明という人間に刻み込まれた歴史です。帰国後に直面した厳しい現実、その後、俳優となって仕事をしていく中での困難、幾度となく降りかかった怪我や病気の数々。そんなとき皮肉にも支えになったのは、「終戦から引き揚げまでの苦難に比べれば、乗り越えられないはずはない」という信念にも似た想いでした。いったい私の運命とは何だったのでしょうか。生まれた時代や場所、生きてきた環境、生涯にわたり取り組むことになった俳優という仕事……。今、振り返ってみると、それら一つひとつが「宝田明」という人間の人格をつくり、また私の人生そのものだったと痛切なまでに感じられます。

そんなことが自然と脳裏に浮かぶようになったのは六十歳頃からです。自らの軌跡を振り返り、「人間・宝田明」の半生を語ることで、「戦争の悲惨さ」「平和に対する想い」「憲法九条の大切さ」について、お伝えしたいと思うようになったのです。それは四十代、五十代ではできないことでした。その年齢ではまだまだ青臭く、「何を生意気なことを言ってるんだ」と、お叱り（しか）を受けたはずです。しかし、六十歳を過ぎた頃から、そろそろ語っても許される年齢ではないか、語ってもよいくらいの人生経験を積んだのではないか、と思えるようになったのです。

二十代の頃から取材を受ける中で、引揚者としての戦争体験を話すことはありました。しかし、今のように公式にライフワークとして取り組むようになったのは、世の中に対して、戦争によって尊（とうと）い人命が失われていくことや政治の不条理、日本が置かれている立場などに鈍感になっているのではないか、もっと目を開いていかなくちゃいけないのではないかと切実に感じるようになったからです。大陸育ちの私の悪い癖かもしれませんが、「井の中の蛙大海を知らず」ではないけれど、日本人の常識は世界の非常識だというところがあるのではないかと思わざるを得ない気配が世の中に漂うようになったからです。

なぜそう思うのか。その原点には朝鮮で生まれ、多感な幼少期を満州という多民族が共存していた地で生活をしていた私の生い立ちがあります。人間形成期において複数の民族と日々会い、共に暮らし、その中で培われてきた考え方があります。いわば〝コスモポリタン〟なのです。自分の少年時代の経験は長く秘めていた話でしたが、コスモポリタンとしての想いに背中を押されるようにして、少しずつ講演をするようになったのです。

八十歳を迎えた二〇一五（平成二十七）年、講演や取材で語ってきた戦争体験をもとに、自ら台本を書き、音楽朗読劇『宝田明物語』の上演を始めました。再び新たなチャレンジです。「戦争反対！」と声高に訴えるのではなく、私の実体験を物語にすることで、その恐ろしさを伝えたい。しかしながら、私も高齢になりました。そして戦争体験を伝えられる人がだんだん少なくなってきている現実があります。培ってきた役者としての経験を活かし、歌を交えた表現方法で自分のことを描いたなら、私の真意が伝わるのではないか、そう思ったのです。この舞台は、ご覧になった皆さんの口から口へと評判が伝わって全国各地へと広がり、この五年間で五十ステージ以上の公演を行ってきました。

『宝田明物語』の第一部は、私の子供時代、満州での暮らしや引き揚げの様子、引き揚げ後の生活から映画『ゴジラ』で主役に抜擢されるまでの半生を描いた朗読劇です。物語に合わせて流行歌、軍歌、ロシア民謡、映画主題歌、占領軍のブラスバンドが持ち込んだブルースなど、戦前・戦中・戦後を知る方には懐かしいメロディが次々に登場します。第二部は私が出演した舞台の主題歌など、ヒット曲の数々を共演する仲間たちと共に華やかに歌い上げるという構成です。

敗戦から七十五年が経ち、戦争に対して言及する人が少なくなってきました。もちろん「原爆反対」「戦争反対」という運動はありますが、もっと身近なところで「非戦」の尊さを伝えることが重要なのではないか、そしてその機会が少なくなってきているのではないかと危惧(きぐ)しています。戦争の現実は、国と国の戦いではなく、私たち一人ひとりが大切な人を失ったり、誰かの大切な人を奪ったりすることであり、身近に起こり得ることなんだ、平和は自国だけでなく世界中の人が手を取り合って実現するものなんだということを、私は音楽を交えて広く伝えたい。

「セリフは歌い、歌は語れ」という名言があります。子供の頃から歌が好きだった私は、俳優になってからも主演作の主題歌を歌ったり、ミュージカルに出演したり、常に歌と共に生きてきました。今でも何気ないときに、ふと歌を口ずさみます。冒頭の「送別歌」にもメロディをつけて、『宝田明物語』の中で歌っています。

私の半生を綴(つづ)ることは、戦争を語ることでもあり暗い物語です。そのままでは陰惨でとても披露できません。舞台の醍醐味は感動です。辛いばかりの物語では、観てくださる方へ感動と喜びは与えられません。エンディングは歌で盛り上げてパッと晴れやかに明るい気分を携(たずさ)えて家路に着いていただきたい。私の悲惨な経験を装飾したり、歪(ゆが)めたりせずそのまま伝える。しかし、だからといって絶望だけで終わるのではなく、未来への希望につながるようにお伝えしたい。歌を通してならそれができる、そう願ってチャレンジしてきました。舞台だとお客さんの感動はダイレクトに返ってきます。それが私を今なお舞台に立たせる勇気にもなっているのです。

「送別歌」に込めたのは、別れの悲しみを歌に託して将来の再会を願う気持ちです。

たった一度、一瞬の出会いが一生を左右することがあります。人も物も出来事も、一期(いちご)一会(いちえ)を大切にすれば新しい発見にも恵まれます。悲しいこと、辛いことも歌にしたり、それを支えに転じたりする力が人間にはある。少なくとも私はそう信じて生きてきたといえるでしょう。

過去は変えられません。どんなに悲惨な経験も「あの思い出は破り捨てて、なかったことにしてください」というわけにはいきません。そして現在は、瞬時に過去になっていく。変えることができるのは未来だけです。未来はつくることができる。〝故きを温ねて新しきを知る〟という精神も大事でしょう。しかし、過去は如何ともしがたい。戦争の傷跡は消せません、私の体に残る銃弾の痕も……。

我々は、未来を変えることはできる。自分たちにとって大切なものは何か、それを守るためにはどうしたらいいのか。それを考え、語り合ってほしいのです。家族と囲む夕餉の食卓で、友人たちとの宴で、恋人とのデートで……。日常の会話の中で「戦争と平和」について語り合えるようになることがいちばんいい。そして、誰にでも自分の人生を切り拓き、未来を変える力があるという真理を、私の経験から少しでも感じとっていただきたいのです。

それでは、私の人生の話をしてみましょう。

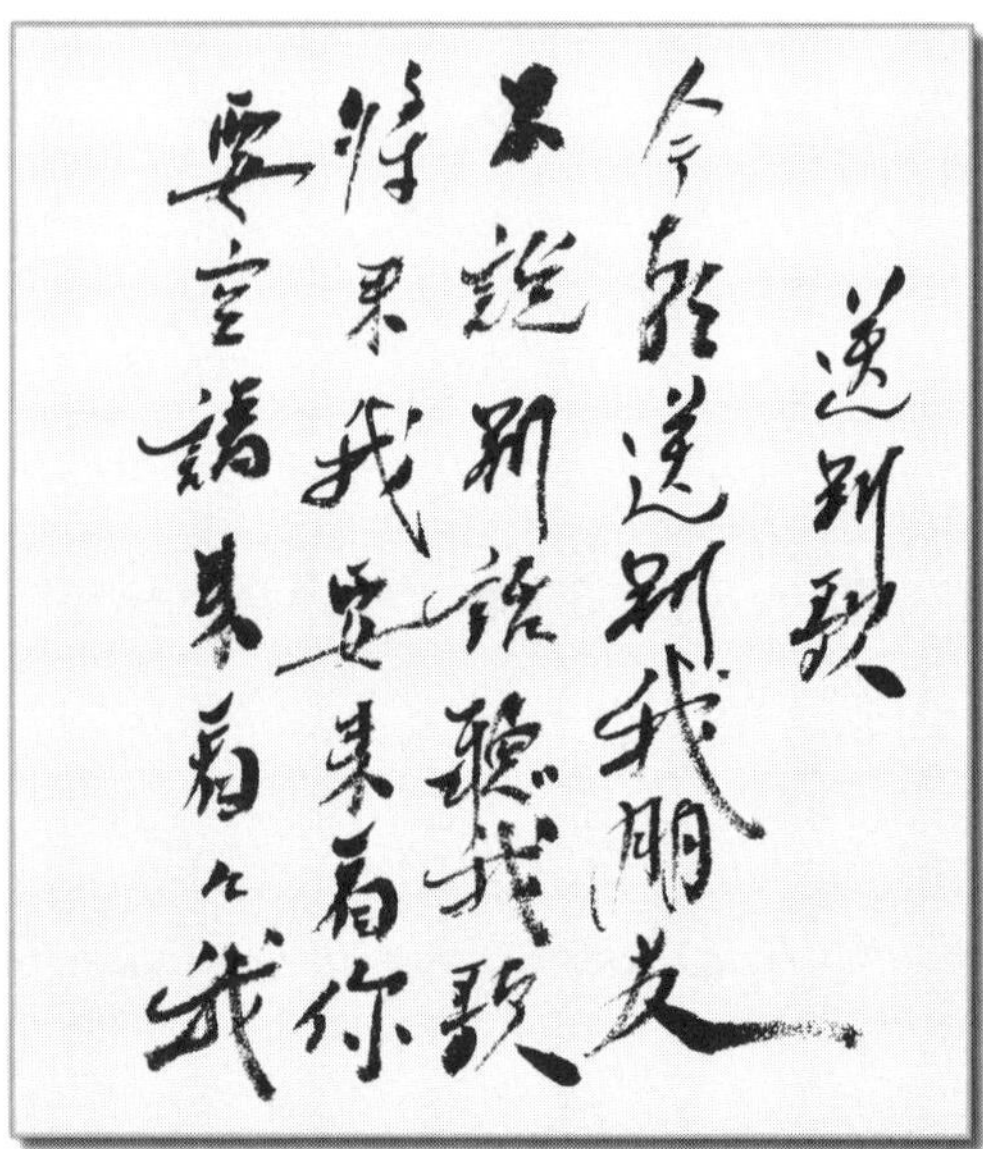

（上）著者直筆の「送別歌」
（下）自らの体験をもとにした音楽朗読劇『宝田明物語』の台本

第一幕

大陸育ちのコスモポリタン

豚の花子とソクラテス

「花子〜！」

遠くからでも私が呼ぶと、それはもう、喜び勇んで駆け寄って来たものです。花子は子供の頃に飼っていた豚です。私が生まれた一九三四（昭和九）年、父は朝鮮総督府（そうとくふ）鉄道（鮮鉄）に勤務しており、我が家は父・宝田清の故郷である新潟県岩船郡村上町（現・村上市）を離れて朝鮮の清津（チョンジン）で暮らしていました。中国の東北部に満州国が建国されて二年、日本では二・二六事件が起きた年です。その後、私が二歳のときに、父が南満州鉄道（満鉄）に移ったため、家族で満州へ転居したのですが、ハルビンに落ち着く前、満州北部の北安（ペイアン）に一時期住んでおり、その頃、豚を飼っていたのです。北安はハルビンのような大都市ではなく、長閑（のどか）な地区でした。我が家は満鉄の社宅に暮らしていましたが、それは簡素な土壁の建物でした。花子は私のあとをついて来るような可愛い子豚でした。中国語で「花子（ファーズ）」は「おばかさん」というような意味でしたが、そんなことはお構いなしです。社宅敷地内の畳二枚ほどの囲いの中で飼っていたのですが、豚という生き物はきれい好きで、自分でトイレと寝床を分けていました。といっても、結局、自分の寝床に糞尿が流れてきてしまうような場所をトイレにしてしまう程度ではありましたが。

花子には西瓜（スイカ）や真桑瓜（マクワウリ）、穀物などをどんどん食べさせていましたから、一年で倍くらい、二年で人間の子供くらいの大きさに成長しました。そして、花子が丸々と立派に太った豚になったある日のことです。親が中国人に頼んで解体してもらうことになりました。彼らは伝統的に素晴らしい家畜の屠殺（とさつ）術を持っていて、余（あま）すことなく食用に解体できるのです。豚の解体は中国の食文化の一端といえるでしょう。もちろん花子が解体されたことは悲しかったですよ。大泣きしながら殺されるのを見ていましたが、子供ですからね、「うわあ、すごいなあ」と興味津々でもありました。近所の人にもお裾分（すそわ）けして、おいしくいただいたことも事実です。

なぜ花子の話をしたかというと、「太った豚になるよりは、痩（や）せたソクラテスになれ」という言葉を思い出したからです。この言葉は一九六四（昭和三十九）年、東京大学の卒業式で大河内一男総長が述べた名言とされているようですが、実際には語られていないようです。この言葉はイギリスの哲学者ジョン・スチュアート・ミルの著書がもとになっているそうですが、訳書「功利主義論集」を繙（ひもと）いてみると、こう綴（つづ）られています。

「満足した豚よりも不満を抱えた人間の方がよく、満足した愚(おろ)か者よりも不満を抱えたソクラテスの方がよい」

さらに言葉は続きます。

「愚者(ぐしゃ)や豚がこれと異なった考えを持っているとしたら、それは愚か者や豚がこの論点に関して自分たちの側のことしか知らないからである」

あえて引用するならば、この言葉で大事なのは後半の部分ではないでしょうか。物事をどのような視点で見るか、その見方についての警告がなされている。私は自分がまわりの人と異なっているとたびたび実感してきました。それは、幼くして外地で育った子供時代に起因しているように思います。大陸で培(つちか)われた世界観は、その後の私の人格形成に大きな影響を及ぼしていることは紛(まぎ)れもない事実なのです。

朝鮮生まれ、満州育ち

幼少期を懐かしく思い出してみても、それを回顧できる子供の頃の写真は、私には一枚も残っていません。引揚船に向かう列車に乗る前にハルビンの駅頭(えきとう)で中国・共産八路軍(はちろぐん)にすべて没収され、燃やされてしまったからです。

私は一九三四（昭和九）年、満州国が建国された二年後の四月二十九日、旧天長節、現在の「昭和の日」に日本統治下の朝鮮で宝田家の五男として生まれました。いちばん上の兄・清一郎は幼くしてこの世を去りましたが、謙二郎、姉・敏子、正彦、昌夫と続き、私の下に弟・宏という六人兄弟です。朝鮮では満州国との国境近くの清津で暮らしていましたが、その頃の記憶はまったくありません。

宝田家は越後国村上藩の士族の末裔です。祖父は村上から東京都北区の滝野川に出てきて、そこから海軍省に入省したようです。朝鮮総督府の海軍武官で、交通部長として伊藤博文に随行して朝鮮に赴任しました。清津は地図で見ると満州と朝鮮との間にある鴨緑江という川の近くで、軍港だったと聞いています。技術屋の父は、祖父の勧めで朝鮮に渡り、鮮鉄に入社しました。鮮鉄は一九二三（大正十二）年、朝鮮中央鉄道、南朝鮮鉄道、西鮮殖産鉄道、朝鮮森林鉄道、朝鮮産業鉄道、両江拓林鉄道の六社が合併して発足した鉄道会社です。

父は、祖父と一緒に羽織袴姿でお城へ参内して、お殿様、奥方様に謁見した幼き日のことをよく話してくれました。腰元が恭しく運んで来た三方にのせた干菓子が、おいしそうだったので、つい手を伸ばしたら、バチーンと鉄扇で、祖父に叩かれたと。

すると奥方様が「ほほほ」と笑って「どうぞ遠慮なくお食べなさい」とわざわざ父の近くまで来て、干菓子を懐紙に包んで懐に入れてくれたのだそうです。「そのやさしさが忘れられない」と、誇らしげな思い出として、たびたび聞かされたものです。

鉄道技師だった父はその後、満鉄に転勤、私たち一家は満州へ転居します。最初に住んだのは北部の海倫、その後、南下して北安、そして国民学校二年生のときに国際的大都市だったハルビンへ移り住みました。

一九三二（昭和七）年三月に成立した満州国は、日本が「王道楽土」という理念のもと、日本・朝鮮・漢族・満州族・蒙古族の「五族協和」を高らかに掲げて中国大陸に進出、建国した国です。新天地を求める多くの日本人が祖国を離れて渡満しました。

満州の中でもハルビンは「アジアのパリ」と称される美しい街でした。メインストリートの大通り、大直街の両脇には、アールヌーボー調の瀟洒な石造りの建物が立ち並び、学校も病院も立派なものでした。広大な敷地の中に建てられた満鉄の社宅は煉瓦造りの三階建てが十三棟ほど並ぶ堂々たるものでした。我が家は極楽寺という中国の寺に近い棟の二階と三階を使って住んでいました。近くには関東軍の大きな兵舎もありました。

戦後の1957年に撮影されたハルビンの旧大直街

当時、たくさんの日本人が続々と移住してきました。一九二九（昭和四）年にアメリカの株価大暴落に端を発した世界恐慌の影響もあり、日本国内の食料難は深刻で経済的にも疲弊していました。父のように技術者で満州に行った人もいますが、農家の次男、三男で仕事がない人や紡績工場で働くしかない貧しい家の娘たちも、貧困から逃れるべく続々と資源豊富な満州を目指したのです。それが開拓団です。一九三一（昭和六）年に起きた満州事変から一九四五（昭和二十）年の敗戦時までに、国策として送り込まれた入植者は約二十七万人といわれています。それに付随してさまざまな職種の人も移り住み、守備隊として関東軍が組織され、大動脈である満鉄の

ロシア正教の寺院と墓地

沿線上に駐屯していました。満鉄はいわば国策会社ですから、当時の満州では石炭関係、造船関係と並んで花形産業でした。私たちは高台の立派な社宅で、食料や燃料にも恵まれて豊かに暮らしていました。

満州国建国から二年後の一九三四(昭和九)年には満州帝国となり、愛新覚羅溥儀が執政から皇帝になりました。ちなみに溥儀は、清王朝最後の皇帝で、もともと清王朝は満州族がつくった国です。満州帝国は次第に「五族協和」「王道楽土」の大義からはほど遠い方向へと邁進し、結果的には大日本帝国の消滅に伴い、この国は地図上から消えてしまう運命でした。

街にはロシア革命のときに命からがら逃げて来た白系ロシア人も大勢住んでいました。革命で迫害された上流階級の人たちです。彼らはハルビンにロシア正教の寺院をたくさん建てて住んでいました。

多民族の坩堝（るつぼ）だったハルビンはロシア人のお祭り、中国人のお祭り、日本人のお祭りがあり、一年中祭りの連続でした。いろいろな民族の祭りを日常的に体験できました。中でも中国の娘娘（ニャンニャン）祭りは印象的でした。女神を祀（まつ）るお祭りで、中国から台湾まで広く信仰があり、艶（あで）やかで華々しいものでした。街では纏足（てんそく）の中国女性も見かけましたね。足が小さく固定されているから、歩きにくいので、踵（かかと）を軸にして腰を振って歩くのです。それが色っぽいといえば色っぽかった。ロシア人のモガ、モボも颯爽（さっそう）と闊歩（かっぽ）していました。「モガ」は「モダンガール」、「モボ」は「モダンボーイ」の略語で、西洋風の最先端ファッションに身を包んだ若者たちのことです。かたや日本人は着物姿でしゃなりしゃなりと歩いている。とにかく鮮麗（せんれい）な光景に満ちあふれる街でした。

宝田少年の中に根づいた「五族協和」

両親は昔ながらの武家の人間らしい、古いタイプの日本人でした。村上士族の末裔として躾（しつけ）られて育った父・清は、「武士は食わねど高楊枝（たかようじ）」の精神が身についていたのでしょう。

自分が食べなくても子供たちには「食べろ、食べろ」と、食べさせるような人でした。礼儀正しく、誰に対してもきちんとした態度で接していた父の姿が目に焼き付いています。

母・順子は、ごく普通の女性ですけれども、子供のためなら火の中にも飛び込むのではないかと思わせるくらい気丈な人でした。「あなた方は武士の子です。だから人に迷惑をかけたり、中国人にひどいことをしたりしてはいけません。仲良くするのですよ」と常日頃から私たちは教えられていました。というのも、日本人がつくった満州国では、中国人をこき使ったり、ひどい扱いをしたりする人も実際には多くいたのです。母の言葉でもっとも印象的なのは、「何かあったら、日本に帰って故郷のお寺に行きなさい。先祖代々が眠っているのだから、何よりもまずお寺へ行ってお墓を守るのですよ」と口を酸っぱくして言っていたことです。今になって思えば、それが母のいちばんの教えでした。

実際、引き揚げ後に、住まいを持っていなかった我が家は村上町のお寺の一隅に身を寄せさせていただいたのですから、母の言葉は正しかったと思います。母は引き揚げ後の生活を懸命に支えてくれた健気で偉い人でした。

父からは、強い武士像よりも武士の矜持を学びました。清貧の思想や人格的に立派な人であれということ。そういう考えでしたから、父は満鉄の部下の中国人たちにも慕われていましたね。絵空事になってしまった「五族協和」でしたが、宝田家では両親の振る舞いを通してその理念が自然と子供の私たちの心にも根づき、実現していたように思います。わけ隔てなくどんな人とも仲良くする。その理念は少年期の私の中で定着していきました。

ハルビン白梅国民学校での日々

ハルビンには白梅、花園、桃山という三つの国民学校がありました。私が通ったのは白梅国民学校です。学校に行くときは金ボタンの学生服姿でした。祖国に倣って、日本と同じ教育が行われていました。朝礼では、ハルビンから遥か千六百キロメートル東方にある宮城（皇居）に向かって敬礼する「東方遥拝」があり、教育勅語を大きな声で唱えました。教科書も内地と同じものを使っていました。ただ、満州国らしいのは、「北京官話」という中国公用語の授業があったことです。ここで覚えた中国語は今も役に立っています。

ハルビンは北海道より遥か北に位置し、冬は零下二十五度から三十度になります。濡れたタオルを数回振り回せば、あっという間に凍ってしまって、ポキンと折れるくらいの気温です。素手で鉄に触ったりすると皮膚がくっついて剥がれてしまうほど、寒さの厳しい

「天の川」という意味がある松花江。冬は氷に覆われ、歩いて渡れた

土地でした。学校に行くときは、頭から足の爪先(つまさき)まで羊の毛皮でつくったシューバというコートで身を包みます。

冬になると、学校の大きな運動場に水をまいて、スケートリンクをつくりました。それが冬の唯一の楽しみでした。朝早く学校へ入ってバケツに水を入れてサーッとまいておくと、瞬(また)く間に凍るのです。昼休みになると自分のスケート靴を履(は)いて校庭にできた即席のリンクの上をみんなで滑走し、速さを競(きそ)ったりしたものです。

大きな川の松花江(スンガリー)も一面が凍りつきます。休みの日はお弁当を腰にぶら下げて、朝早くから上流へ行って滑って降りてきて、また上がって滑って……。そんな極寒の中、ロシア人は氷を割って水浴びをしていましたね。これには驚きました。
日本から赴任して来た先生に、日本の話を聞くたびに「はあっ、祖国日本」と嘆息して、まだ見ぬ祖国に憧憬の念を抱きました。天皇陛下のいらっしゃる日本は、私にとって遠い夢の国だったのです。同級生が日本からこっそり持ち帰ったという宮城の玉砂利を見せてくれたときには「わぁ、これが宮城の玉砂利か」と、うっとりと頬擦りしたものです。外地で生まれ育った人間にとって、祖国日本は憧れの対象でした。

国民学校ではとにかく先生が怖かった。子供たちを殴るのです。みんな殴られました。頬っぺたとか、中には鼓膜を破られた子もいました。先生の暴力に「今に見てろ。いつか殴り返してやるぞ」と心の中で復讐を誓ったものです。ところが、そういう先生は終戦となるや、なりを潜め、あっという間に満州からいなくなってしまった。ほんとに癪にさわって、引き揚げてきてからも探し出して一発食らわしてやろうと思ったくらいでした。

小学校の頃から私は背が高くて、整列するときはいつもいちばん後ろでした。当時は下駄を履いていますから、より高くなる。あまり目立ちたくないので、いつもキリンが水を飲むときのように足を広げていましたけど、それでも頭一つ分出るくらい高かった。満州では馬糞を踏むと背が高くなるという言い伝えがあります。馬糞はそれほど踏んだ覚えはなかったので「俺は満州で穀類をたくさん食べてきたから背が高くなったんだ」と日本に帰ってから妙な自慢をしたものです。

円谷英二の特撮に感銘した軍国少年

ハルビンには亜細亜電影館があり、当時の東宝の大スター・長谷川一夫と、満洲映画協会、通称満映の看板スター・李香蘭が共演した『白蘭の歌』『支那の夜』『熱砂の誓ひ』などが上映され、子供ながらに心打たれました。太平洋戦争下につくられた「大陸三部作」といわれるもので、ラブストーリーなので子供には理解できませんでしたが、当時は何を観ても嬉しかった。何といっても感動したのは、李香蘭の圧倒的な美しさ！　スクリーンに映し出される美男美女のメロドラマに、うっとりと見入ったものです。この頃から私は映画が大好きでした。ちなみに、この亜細亜電影館は現在も同じ場所にあり存続しています。

本土から満州に送られてくる戦意高揚映画を先生に引率されて観る機会もありました。映画はすべて検閲の時代です。映画館でも後ろに警官が立って目を光らせていました。劇場用ニュース映画「日本ニュース」で宮城が映し出されて、二重橋の上に白馬にまたがった陛下の姿が現れると、みんな一斉に起立です。お姿を見たら不敬罪なので下を向く。でも子供のことですから、ちょっと見てみたくて、上目使いでチラッと覗き見したものです。

　戦争映画で印象に残っているのは上原謙主演の『西住戦車長傳』です。中国戦線で活躍する戦車隊の兵士たちが描かれており、まさに血湧き肉躍る思いで夢中になって観た覚えがあります。

『ハワイ・マレー沖海戦』という真珠湾攻撃の映画も興奮しましたね。あれは私が東宝に入るまで、ずっと実写映画だと信じていました。監督は一九三〇年代半ばに優れた作品を生み出していた山本嘉次郎さん、特撮監督はのちに私も出演することになる『ゴジラ』の円谷英二さんでした。

『ゴジラ』の撮影時に『ハワイ・マレー沖海戦』を観た話を円谷さんにしたら、円谷さんは呵々と笑い出しました。

「あれはわしがつくったんだよ」

　私は「あれは先生の特撮だったのですか！」と仰天しました。当時の技術で実写に見えたのですから、どれほど素晴らしい特撮だったかということがわかります。いまはCG（コンピュータグラフィックス）全盛の時代ですから、何でもできてしまいますが、それが逆に荒唐無稽で空々しい作品を生み出してしまうのは皮肉なことです。

私はこうした戦争映画を観ることで戦意高揚され、お国のために命をかける兵士たちの姿に感銘を受けていたのです。

ビンタに次ぐビンタ

一九四一（昭和十六）年、十二月八日に太平洋戦争が勃発してからは、満州にも日本の快進撃が伝えられました。鬼畜米英に対する日本軍の大躍進に、「万歳！　万歳！」の提灯行列でした。日本は満州や東南アジア諸国を欧米による植民地支配から解放する聖戦を行っているのだと、子供たちはそう教えられていました。当初はそういう名目もあったかもしれませんが、実際はそうはなりませんでした。満州建国の理念である「王道楽土」「五族協和」「八紘一宇」の精神を子供心に純粋に信じていましたので、私も将来は立派な軍人さんになって「お国のために戦おう」という想いを胸に、快進撃の知らせを誇らしく聞いていました。私たちの世代は、国民学校に入ったときから軍国少年たるべき教育を受けていましたから、予科練（よかれん）の七つボタンの制服が在留邦人の少年たちの憧れでした。

国民学校四年生になると軍事訓練がありました。ハルビン市内の関東軍の兵舎に二泊三日とか一泊二日で泊まり込んで、内務班に配属され、兵隊と同じような生活をするのです。朝起きると、まずベッドをきれいに整えることから始まります。ちょっとでも皺（しわ）があろうものなら、力いっぱい張り飛ばされました。食事が終わると次は軍事教練です。屈強な兵隊さんに木銃（もくじゅう）でバーンと突き飛ばされて、泣きながら向かっていって、また突き飛ばされて……それを繰り返す。

さながら新兵を鍛えるように、とにかくビンタに次ぐビンタです。殴られても仕方がない。それが訓練だといい、当たり前とされていました。「歯を食いしばれ！」という声に続いて、バチーン、バチーンとまだ丸い少年の頬が鳴ります。もう痛くて、痛くて、本当に辛（つら）かった。訓練を終えて赤く腫（は）れ上がった顔で家に帰ると、母親には「どうしたの？」と聞かれますから「殴られた」と正直に答えました。しかし、そう聞いたとて、母は腹を立てることもできず、「よく頑張ったね、よく我慢したね」と慰（なぐさ）めるしかありません。そういう時代でした。

軍歌に込められた反戦の想い

私は歌の好きな子供で、父はお酒の好きな人でした。日本人だけでなく中国人もよく社宅に招き、わけ隔てなく交際していました。中国人にもやさしく、何かあれば家に呼んで一緒に食事をしたり、時には結婚式に出向いて行くこともあったりして、ごく自然に友好を深めていました。

家には蓄音機があって、それを扱うのは私の担当でした。レコードボックスのどこに何の曲が入っているかを把握しているのは私だけで、親にも兄弟にも触らせず独占していました。そして我が家に酒客が来ると、出窓のところに立って、蓄音機で音楽をかけ、一緒になって朗々と歌いました。東海林太郎の「国境の町」、映画『支那の夜』の劇中歌「蘇州夜曲」などを歌ったものです。時には客人からちょっとしたお小遣いがもらえたりして、それも楽しみでした。

当時は何と言っても軍歌が主流でしたので、軍歌も歌いました。軍歌にはいい歌がたくさんありました。当時の大作曲家、服部良一や古関裕而、大作詞家の西條八十、野村俊夫らがつくった名曲は、今歌っても涙が出ます。戦意高揚の歌ばかりだと思われていますが、七五調にきちっとまとめられた歌詞の中には、哀調帯びた歌詞に反戦の想いをその奥に込めたものもあるのです。親を想い、妻や子を残して戦地へ赴く兵士の心を歌ったものもあります。日露戦争時の軍歌「戦友」は一兵卒の悲劇を静かに綴った歌です。哀愁漂う歌詞とメロディのため、戦意を高揚するどころか厭戦的であるとの見解から、太平洋戦争中は禁歌となったほどです。戦後はＧＨＱ（連合国軍最高司令官総司令部）によって軍歌は一切禁じられましたが、この歌は名曲として愛され続けました。私は今でもこの歌を歌うと涙があふれてしまいます。こうした名曲を客人の前で歌って褒められるのは、私にとって、えも言われず嬉しいことでした。実はひそかに、将来は舞台の上で、オーケストラをバックにして朗々と歌声を響かせるオペラ歌手になりたいと夢見たりしていたのです。

多様な文化、習慣の中で育ったコスモポリタン

満鉄の社宅の中にも近所の満人（満州族のことを当時、私たちはそう呼んでいました）の子供たちが遊びに来ていました。子供同士は民族入り乱れてみんなで遊んでいました。

中国語は日本語よりも悪口の表現が多いのですが、ろくでもない悪口を言い合っているうちに仲良くなっていく。中国人とは中国語、ロシア人とはロシア語という具合に自然に使い分けていましたね。語学は小さい頃に触れるのがいちばんです。また、父のもとに満鉄の部下の中国人もやって来るので中国語に触れる機会は多く、言葉には困りませんでした。日常の遊びや客人の多い家庭環境だったこともあって、今でも一般的な会話なら中国語でのコミュニケーションをとることができます。

日々の生活の中に五族が共存していたのです。言葉だけでなく、寺院もお祭りも習慣も服装も多様で、それが当たり前に日常にとけ込んでいました。いわばコスモポリタンなのです。日本独特の〝井の中の蛙〟的な、閉鎖的な雰囲気はまったくありませんでした。多感な少年期を人種の入り乱れた大地である満州で過ごしたこともあって、私はどこかおおらかで大陸的に育ったのでしょう。日本へ帰って、最初につけられたあだ名は「大陸」でした。どこか大陸育ちらしく、のほほんとしたところがあったのかもしれません。

第二幕

消えない弾痕

ハルビンの街に火柱

一九四五（昭和二十）年になると、日本の戦況が危うくなってきたことが子供の目にも感じられるようになっていました。関東軍がハルビンの兵舎から部隊を組んで続々と姿を消していく。親しくしている兵隊さんたちにどこへ行くのかと聞けば、激戦が続く南方へ向かうと答えます。兵隊さんの悲壮な表情を見て、これはもうだめだな……と、ひそかに思うこともありましたが、警官も目を光らせていますから、口が裂けても言えません。そんなことを口にしたら非国民だと罵倒（ばとう）されて鉄拳制裁（てっけんせいさい）です。無力な子供の私は、息を潜（ひそ）めるようにして大人たちの様子をうかがっていました。あとで知るのですが、その頃はすでに敗戦は回避できない状況で、南へ向かう輸送船に乗った関東軍の兵士たちは目的地に着く前に敵の潜水艦に沈められてしまい、無事に着いた部隊は数少なかったのでした。

我が家からも兄二人が出征（しゅっせい）中でしたし、姉も遠方で働いていたので、兄姉の身を案じて心配になるばかりでした。兄の一人は牡丹江（ムーダンジャン）の兵舎に行っていることはわかっていました。両親と共に稲荷寿司とおはぎを持って慰問（いもん）に行ったことがあります。そのときの兄の様子は忘れられません。おそらく殴られていたのでしょう、目が血走っていて顔が膨れ上がっていました。

そんな我が子の姿を目にして両親はどう思ったことか。自分の息子だけではありません。まわりは顔を腫らした青年ばかり。お国に捧げたとはいえ、当時の親たちの気持ちは如何ばかりであったかと、自分が子を持つ親になってみると、あらためて胸が締めつけられる思いがします。父も母も子供たちを案じ、心中穏やかではなかったはずです。

八月六日、NHKのラジオ放送で広島に化学爆弾が投下されたというニュースが流れました。そのときは「原子爆弾」とは言わなかった。「化学爆弾ってなんだろう……」と子供ながらに、その言葉の不気味な響きに不安を覚えました。さらにその三日後、今度は「八月九日、長崎において……」と長崎への原爆投下のニュース。さすがに日本はもう危ないなと思っていると、海外の在留邦人に向けて「八月十五日に大事な放送があるのでラジオの前にお集まりください」という放送が繰り返し流されました。

長崎に原爆が投下された八月九日、まさにその日、ソ連軍は領土の相互保全を約した日ソ中立条約を破り、国境を越えて満州へと侵攻してきました。深夜、満州各地は突然、ソ連軍に空襲されたのです。それは街中が眠りについた午前一時頃でした。月明かりの静寂を破り、この世のものとは思えないような爆音と共にハルビンの街に火柱をいくつも立ち上げ、夜空を真っ赤に染めたのでした。

終わったと父の声弱くして

一変した情勢に誰もが不安を隠しきれない中で迎えた八月十五日。ラジオからは今上陛下の大事なお言葉がありますというアナウンスが告げられました。とぎれとぎれの玉音放送がラジオを震わせます。母はがくがくと崩れ落ちるようにへたり込み、兄・昌夫と私は、硬直したまままぐっと拳を握り我慢して立っていました。

「終わったな」

放送が終わったとき、父親は一言つぶやきました。私にはその意味がわかりません。

「どうしたの？」

「戦争に負けたんだ」

「嘘でしょう！　お父さん、お母さん、嘘でしょう。負けてないよね、嘘だよね」

「いや、天皇陛下の今の放送で日本ははっきり負けたんだ」

軍国少年としての教育を受けてきた私には信じられない、信じたくない。受け入れらない。私は悔しいやら、悲しいやら、ひたすら泣きじゃくりました。

このときの父には万感(ばんかん)の想いがあったことでしょう。息子二人が兵隊に取られたままなのです。何のために満州に来て、満鉄で一生懸命働いてきたのか、故郷の村上には自分の兄弟がいるのに、なぜ自分が満州に来ることになったのか。虚しさ、悔しさ、やるせなさ……そんな想いが、沈痛な面持(おもも)ちで佇(たたず)む父の胸を鉛のように重く塞(ふさ)いだに違いありません。

そのときの情景を思い出して、のちに詠(よ)んだ短歌です。

威儀正し玉音放送聞く我が家終ったと父の声弱くして

父の「終わったな」は、諦念(ていねん)と放心の声でした。

カピタン・ウォトカ・パジャーリスト

日本の敗戦が明らかになるや、八月二十四日、何十輌ものソ連軍の戦車が土埃を上げ、爆音を轟かせてハルビンの大直街に侵攻してきました。通りを埋め尽くした中国人たちは、大きな赤旗とヨシフ・スターリン、ウラジーミル・レーニンの肖像画を高く掲げて隊列を組む戦車を出迎え、大歓声を上げていました。彼らは日本が負けたことを我々より先に知っていたのです。日本人は殺されるかもしれない、いつ何をされるかわからない状況に一変しました。まやかしの「五族協和」がはっきりと露呈しました。スローガンの実体は、日本人と現地の多民族との不均衡で屈折した共存の隠れ蓑に過ぎなかったのです。

ところが子供の私は怖いもの知らず、物珍しさと好奇心でいっぱいです。通りを埋め尽くす中国人に混ざって、戦車の上に乗ったソ連兵を見上げました。ソ連兵は勝利に酔うように高らかに笑い、雄叫びを上げていました。敵は鬼畜米英と教えられてきた子供の私には、ソ連は戦っている敵国ではないのですから「わあ、ソ連兵だ」という好奇心だけだったのです。すると一人の兵士が私を見つけて声をかけました。

「ヤポンスキー?」(日本人か?)

「ダー」(そうだ)

物心がついた頃からロシア人の友達もいましたから言葉も多少はわかります。すると兵士は、自分の喉を中指でポンポンと叩きました。

「ウォトカ！　ウォトカ・ナーダ」

ウォトカ……ウォッカのことだと思った私は、走って家に帰りました。家には、口の空いているのと空いていないものと二本のウォッカの瓶がありました。

「お父さんこれちょうだい！　ソ連の兵隊がウォッカをほしがってるから」

「ばか野郎。ソ連兵になんかやれるか」

「いいから、いいから」

父の制止をよそに、私はウォッカの瓶をつかむや再び通りへ向かって走り出し、熱狂する中国人の人波をかき分けて、先ほどの戦車の側に行きました。

「カピタン・ウォトカ・パジャーリスト」（将校さん、ウォッカどうぞ）

私は背伸びして兵士に渡しました。

「オーチン・ハラショー・スパシーバ」（ベリーグッド、ありがとう）

ウォッカを受け取った兵士は天を仰ぐようにして、それを喉に流し込み、満足そうに頷きました。

その場にいた日本人は私一人だけでした。子供の頃から変なところで度胸があるのは困ったものです。両親はもちろん出てきません。思えば、これがソ連赤軍の兵隊との最初の接触でした。ハルビンの日本人で彼らに友好のしるし、親愛の情を真っ先に示したのは、国民学校五年生、十一歳の宝田少年だったのです。

関東軍は武装解除を命じられました。満鉄の社宅近くの関東軍の兵舎からは銃剣も軍刀もすべてソ連軍に引き渡され、丸裸になりました。無政府状態の混乱に陥った満州から、将校、役人、満鉄の上層部の人間が家族を引き連れて、そそくさと汽車で退却していきました。今まで威張っていた警官たちも蜘蛛の子を散らすようにいなくなりました。子供心に「卑怯もの」と思いましたね。昨日まで威張っていた人たちが、いち早く逃げ出したのです。政府機関は機能停止、頼りになるものすべてを失った私たち在留邦人は、消滅した満州国という大地に見捨てられたのでした。

そんな中、父のそれまでの付き合いもあったのでしょう。「日本に帰っても戦争の爪痕が激しくて食料もないだろうから、落ち着いてから帰ったらどうか。我々がかくまってあげるから急いで帰る必要はないよ」と言ってくれる中国人がいたのです。敗戦直後、まだ正式な引き揚げなど想像もできない頃です。親しい中国人は日本人以上に親切で、そう声をかけてくれたのでした。父が中国人にやさしく、日頃から友好的であったので、手のひらを翻したような襲撃は受けなかったのです。ところが普段から中国人を殴ったり、こき使っていた人の家は、それこそ身ぐるみ剥がされました。中国人がソ連軍の兵隊を導いて、一軒の満鉄の社宅を襲撃するのです。トラック二台くらいで、畳から襖から何から何まで奪っていきました。それは憎悪と欲望に満ちた凄まじさで、止めようがありません。こうした襲撃をいくつも目撃しました。

食べ物も自分たちで何とかして手に入れなければなりませんでした。持っている物を売ってお金にして、中国人から食べものを買う。野菜やお米、魚は川魚の塩漬けでした。ハルビンは内陸部で海が遠かったので、川魚を塩漬けしたものを食べる習慣がありました。日本人は食べるものを得るために、持っている物を売って、買い物をするようになりました。日本人の着ているものは贅沢品で、縫製もしっかりしていたので高く売れたようでした。そうして得たお金で食料を手に入れるしかなかったのです。

窮地を救った宝田少年の閃き

治安の悪化した街では危険が隣り合わせの日々が続いていましたが、それでも状況が多少落ち着いてくると、ますます食べるものに困り始めました。蓄えは底を尽き、食料を手に入れるのも容易ではありません。それでも生き延びるためには食べなくてはならない。そんな窮地の中で、十一歳の宝田少年に、あることが閃（ひらめ）きました。

「お父さん、うちにミカン箱あったよね、それで靴の台をつくってよ」と、まずは父に足を乗せる台をつくってもらいました。それから家にあった黒と茶の靴墨、ボロきれ、ブラシ、それに椅子を携（たずさ）えて「ちょっと行って来る」と家を出ました。

向かった先は、元関東軍の兵舎。そこにはソ連軍が千人くらい駐屯（ちゅうとん）していたと思います。兵舎に着くと、私は正門の近く、いちばん人目につくところに陣取って大きな声で元気よく呼び込みを始めました。

「カピタン・チースパジャーリスト」（将校さん、靴磨きはいかがですか）

私は誰にも相談せず、ソ連兵の靴磨きを始めました。門を出て来る兵士に呼びかけ、そこへ座らせて、軍靴（ぐんか）だと軍票（ぐんぴょう）で十円、将校が来ると長靴（ちょうか）を履（は）いているので二十円という具合です。軍票は真っ赤な紙幣で、レーニンの肖像画が印刷されていました。

声をかけた相手が座ったらこっちのものです。軽快な手つきでリズムよく靴を磨きます。もちろん、それまで靴磨きなどほとんどしたことはありません。きっとこんなふうにするのだろうという想像と、これまでに見た靴磨きを思い出しながら、見よう見まねで靴を磨きました。

歌が好きだった私は、ソ連国歌を口ずさみながら靴を磨くことを思いつきました。そうすると、代金のほかにチップがもらえることもあったのです。でも、お金よりもほしかったのは、彼らが脇に抱えている大きなロシアパンでした。硬くてあまりおいしくないのですが、それでもパンがほしかった。軍票はいらないからそれを分けてほしいとお願いすると、胡散臭そうにしながらも、その硬い塊を膝にあてて半分に割ってくれる兵士もいました。もらったロシアパンを靴磨きに使ったボロきれに大事に包んで持って帰ると、その晩は食卓がほんの少しだけ豊かになりました。

味をしめた宝田少年は靴磨きが日課となりました。「誰かパンを持って出てこないかなあ」と思いながら、兵舎から出て来る兵隊を待ちました。ソ連兵の靴をブラシで磨いて、着古したボロ下着で拭く。ひたすら、それを繰り返しました。なぜ靴磨きなんか思いついたのでしょう。その理由はわかりません。靴磨きを思いついたのは、いわば天の啓示でしたね。

両親は、建て前では「そんなことするな」と言いつつも、「こんなことをさせて悪かったね」「遅くまでやっちゃだめだよ」と申し訳なさそうに労ってもくれました。私は「大丈夫だよ」と明るく答えて、ソ連兵のもとへと出かけていきました。学校も閉鎖されていましたから毎日靴磨きです。背が高かったので、実際の年齢より年嵩に思われたのかもしれません。それに、悪さをするようなやんちゃな顔つきでもなかったのでしょう。なかなかの盛況ぶりで、けっこう稼ぐことができました。稼ぎがよくなると、ハルビンの高級デパートである秋林洋行に行って靴墨を仕入れ、上質の靴磨き用のブラシも買ったりして道具を整えていきました。「洋行」は「百貨店」という意味で、何でも揃っていました。そうやって家計を助けました。

お客であるソ連兵を喜ばせるために、ソ連の国歌や行進曲、ロシア民謡の「ボルガの舟歌」などを口ずさみました。中には涙を流す兵士もいたのです。国に残した家族や恋人を想い、込み上げるものがあったのかもしれません。そんな彼らの姿を目の前にすると、子供ながらに家族を想う気持ちはみんな一緒なんだなと感じ、私も「兄ちゃんたち、どうしているかな」と兵隊に行っている兄たちの不在を寂しく思ったものです。

私の靴磨きが評判になったのでしょう。真似をする奴らが出てきて、子供の靴磨きが兵舎の前にズラリと並ぶようになりました。それを見た私は、潮時とばかり商売替えを決意しました。

次に閃いたのは、たばこ売りです。これもいいアイデアでした。我ながら実に発想が豊かだったと思います。まず首から掛ける駅の弁当売りのような箱を用意しました。満鉄の社宅の近くに大きな満州専売公社があったのでそこへ行って、満州の高級たばこである「南風」「楽崗」「松花江」を仕入れて箱に並べ、繁華街でソ連兵相手に売り始めました。試食ならぬ試嗅品（しきゅうひん）を用意して、ピンセットで一本取り出し、兵士たちの鼻先で香りを試せるように工夫しました。二人いれば二箱ずつ四箱くらい買ってくれることも多く、けっこう売れました。ハルビンの街で、初めてたばこ売りをしたのは、宝田少年だったのです。

靴磨きもたばこ売りも、子供心に夢中でやりました。なぜか、ソ連兵を怖いとは思いませんでした。関東軍もソ連軍も同じだろう、兵隊さんはお国のために働いているのだから、そんなに悪いことなんてしないだろうという願いのような思いが、私の中にはあったのです。今考えると、あの混乱の街で、怖いもの知らずの少年が日ソ友好のために尽くしたようなものですから、平和勲章をもらってもいいくらいですね。

ソ連軍囚人部隊の暴虐

日本人が殺され、婦女子が痛めつけられているという噂が次々に耳に入ってきました。学校も病院もすべて閉鎖されたハルビンでは、ソ連兵の暴行、略奪、強姦が昼夜を問わず横行する無政府状態で、その乱暴狼藉ぶりは目に余るものでした。

第一陣部隊で侵攻してきたソ連軍は囚人部隊でした。囚人の中から選ばれた軍人が連隊を編成し、ウォッカを飲み放題に飲ませ、酒の勢いで猛攻を重ねて満州にたどり着いた連中です。いわゆる〝無法者〟で、死んでもいいような輩を強制的に第一線に送り込んできたのです。しかも読み書きができない文盲なので始末が悪い。ひどい話です。

ソ連兵の残虐行為が横行する中、満鉄の社宅ではソ連兵の侵入を防ぐために、一階の入り口に閂をしていました。空缶に紐を通したものを屋内に置き、その紐の先は屋外に垂らします。外出から戻ってきたときは、紐を引っ張って缶を鳴らし、屋内にいる人が外を確認してから閂を外すという厳重な戸締りをしていました。

ところが、ある日の夕食時、一家でカレーを食べていると、突然、二人のソ連兵が我が

1996年に撮影された満鉄の旧社宅。ソ連軍が侵攻した際は正面入り口に閂が施された

家に土足で入ってきたのです。彼らは〝マンドリン〟と呼ばれる機関銃を抱えていました。「誰が入り口を閉め忘れたんだろう」と思いながら、家族みんな互いに沈黙したまま、そっと顔を見合わせました。見るとソ連兵の両腕には時計がいくつもはめられています。日本人から略奪したものです。彼らにとっては超高級品です。そして手に下げた袋には電熱器が入っていました。一人の兵士が、母親の鏡台にあった化粧品やお茶のポットをその袋に放り込みました。もう一人の兵士が私の後ろに立ち止まる気配がしました。何をするのだろうと息を詰めるようにした瞬間、凍りつくほどの冷たい銃口が頬に触れたのです。

そのときのことを詠んだ短歌です。

夕餉どき露兵二名の侵入に歯の音だけがガタくとなる

経験したことのない恐怖に私の歯はガタガタと鳴り、どうにも抑えられませんでした。張りつめた沈黙が支配する部屋の中で、小刻みに震える私の歯の音だけが響きました。

こんな状態でしたから、女性が街に出ることはとても危険でした。みんな断髪して風呂敷を被り、明るいうちに集団で買い物に行き、社宅の前の大きな通りまで一緒に戻って、それぞれの家に帰るようにしていました。

ところがある日、一人で歩いている奥さんの姿が部屋の窓から見えました。危ないなあと思って見ているとソ連兵が二人、向こうからやって来たのです。「ああ、捕まる、捕まる」とハラハラして見ていたら、案の定、うちの前で捕まってしまった。「助けてください！」という奥さんの叫びも虚しく、髪をつかまれて引きずられるようにして社宅の裏に連れて行かれました。私は考える間もなく、交番へ向かって走り出しました。もちろん警官がいないことはわかっています。でも誰かいるかもしれない。そう思って行ってみると、そこには白字で「K」と記された赤い腕章をつけたソ連の憲兵がいました。

「カピタン・パジャーリスト！」（将校さん、お願いです！）と懇願して、憲兵を引っ張って現場まで行きました。ところが時すでに遅く、その女性はすでに下半身を裸にされて辱めを受けていました。それを目にした憲兵は、こん棒で二人の兵士を叩きました。二人は脱ぎ捨ててあったズボンを履き、脇に投げ出してあった銃を手に、慌てて兵舎へ逃げていきました。

　その奥さんには受け入れ難い出来事だったのでしょう。その数カ月後に日本へ引き揚げることになり、博多港で見かけたのですが、ご主人に手を引かれて虚脱状態のままでした。その哀れな姿は見るに忍びなく、本当にかわいそうでした。

「兵隊がこんな汚いことをするなんて！」と子供ながらにソ連兵の引き起こす数々の悪事に憤りを感じていました。軍国少年にとっては、兵士とは勇敢で立派な人であるはずでした。それなのに……。小学生の少年が、ご婦人が裸にされて辱めを受けている姿を見せられてしまったのです。これほどショッキングなことはありません。あのとき目にしてしまったむごい場面は、日本に帰ってきてからも、そして未だに忘れることができません。私の心の消し難い傷となっています。

強制使役と石炭泥棒

ソ連軍は一年ほど進駐している間に、我々満鉄の社宅の住人に強制使役(しえき)を命じました。上の兄二人は兵隊に行ったまま戻っておらず、父と三歳上の兄・昌夫と私の三人が男手として交代で使役に就(つ)きました。一軒の家から毎日一人ずつ出なければならなかったのです。

課せられた作業は石炭運びでした。ソ連軍の大きなトラックに乗せられて、ハルビンの駅の外れにある高さ二十メートルくらいの石炭山へ連れて行かれます。その奥に引き込み線があって貨車が並んでいました。石炭山からモッコという縄で編(あ)んだ運搬用の袋に石炭を入れて大人と一緒に運び、貨物に石炭を運び入れる。こうして二百メートルくらいのところを行ったり来たりするんですから、まるで蟻が餌を運ぶようなものです。私は父、兄と交代で三日に一度行っていました。

そこで宝田少年はまた閃きます。ある日、母にいつもの弁当箱ではなく、特別に大きな弁当箱、いわゆるドカ弁を用意してもらいました。当時はアルマイトと呼ばれていたアルミ製のドカ弁を雑嚢(ざつのう)に入れて、いつものように大人に混じって使役に向かいました。

さあ、昼食です。ソ連の兵隊は監視しているし、将校はピストルを腰に差したまま見張っています。そんな中、私は食べ終えた空の弁当箱に、石炭を五つ六つ、サッと忍ばせて雑嚢に入れようとしました。その瞬間、ソ連の兵隊にこん棒で頭を殴られ、ピストルを突きつけられました。「ああ、撃たれる」と目をつぶって観念しました。弁当箱から石炭は取り上げられ、頭が割れるほど殴られましたが、泣いて謝ったので撃たれずに帰ることができました。残念ながら、初日の石炭略奪は不成功に終わってしまいました。しかし、一回の失敗では諦めません。「絶対仕返しするぞ、やり返してやるぞ」と殴られて痛む頭を撫でながら固く誓いました。

三日後。二度と失敗はしない覚悟を持って、再びドカ弁を持って使役に出ました。今度は首尾よく石炭を持って帰ることができました。この日、私は生まれて初めて盗みを行ったのです。

満州の石炭はとても純度が高く上質です。オニキスと見紛うばかりに輝き、漆黒の表面に顔が映るようでした。マッチで火をつけたらポッポと勢いよく燃え出すくらいに純度が高い。東洋一の採炭量を誇った撫順の石炭は露天掘りで、地表をザザッと撫でれば上質の石炭が難なく採れたのです。

その日から、見事に輝く石炭を雑嚢に入れて、家族のもとへ持って帰るようになりました。もはや習い性となって毎回成功です。我が家のペチカが赤々と燃えていたのは、私が盗んできた石炭のおかげです。そういう意味では泥棒のプロになりました。母は茹（ゆ）でた大豆を藁（わら）で包みペチカの上に置いて納豆をつくったり、水に浸した大豆を温めて豆もやしをつくったりしていました。母は納豆や豆もやしづくりのベテランで、私はさながら燃料担当の重役でした。父が満鉄でしたから、かつては石炭箱にあり余るほど石炭があったのに、終戦後はまったく手に入らなくなっていたのです。

消えないソ連兵への憎しみ

私はたびたび事件に遭遇してきました。なぜこんなに……と驚くほどです。数カ月にわたる石炭運びの使役を終えた頃のことです。ハルビン駅から五キロメートルほど離れたところに濱江（ビンジャン）駅がありました。そこには操車場のような場所があり、ここから日本の兵隊が列車に乗せられて、シベリアへ向けて毎日続々と送られていました。いわゆるシベリア抑留です。

ある日、「ああ、今日も兵隊さんたちが送られていくな」と思いながら、高台の社宅の窓から眼下に展開されるいつもの光景を眺めていたときのことです。列車からこちらに向かって日の丸や千人針の布を振っている兵士の姿が目に入りました。「ひょっとして、あそこに兄ちゃんがいるんじゃないかな。そうだ、いるに違いない！」と出征(しゅっせい)したまま戻らない兄がいると思い込んだ私は、駅に向かって駆け下りて行ったのです。社宅から五百メートルくらい先に線路があって、どんどん下りて百メートルくらいのところまで列車に近づいたときでした。列車の兵隊さんが私に向かって危険を知らせるような手の振り方をしています。何だろうと周囲に目を配ると、ソ連兵が銃を撃ちながら私に近づいてきていました。

「帰れ！　逃げろ！」と兵隊さんは私に言っ

高台の満鉄社宅から望む濱江駅。濱江駅付近で銃撃されたていたのでした。私は訳もわからず、銃弾をよけるように転がりながら社宅へ逃げ帰りました。

家に着くと、右脇腹が焼け火箸を押しつけたように熱い。もう、熱くて、熱くてたまらない。「どうしたの？」と心配そうに聞く母に、「兄ちゃんが汽車に乗っているかもしれないと思って……」と、列車を見に行ったことを告げると、「ばか」と叱られました。恐る恐る服を脱いでみると、お腹が血だらけです。

列車には抑留されるあまたの兵近寄る我を撃ちし露兵

その出来事を詠んだ短歌です。

その頃の家庭の常備薬と言ったら、リバガーゼ、ヨードチンキ、赤チンくらいしかありません。それを塗ってはみたものの、銃弾を受けた傷が治るはずもなく痛くてたまらない。三日目になると傷口が化膿して黄色い膿が出始めました。そうなると、人が側を通るだけでも風が当たって痛い。もう痛くて、痛くて一日中唸っていました。

すると、母が髭の生えた老人を連れてきました。元軍医さんだという人でした。

「明君、どうだ」と聞くので「痛いです」と泣きながら訴えました。すると元軍医さんは、母に裁ち鋏を用意するよう伝えました。私は両手両足をベッドの柵に縛りつけられて干しイカみたいになっていました。「おかあさん、裁ち鋏を焼いてきてください」と、殺菌のために鋏を焼くように指示している元軍医さんの声が聞こえました。

「明君、日本男児だろう。日本男児なら我慢しろ！」と、呻き続ける私に厳しい声をかけると、裁ち鋏でジョキ、ジョキと傷口を切り始めたのです。まるでレバーを焼き切るような音と匂いでした。もちろん麻酔などありません。失神しそうになりながら激痛にひたすら耐えました。私の手足が縛り付けられたベッドの柵が鈍く歪みました。

「おかあさん、これは鉛の弾ですよ」と、元軍医さんは私のお腹から取り出した弾を見つめながら、怒りを込めてつぶやきました。ソ連軍は国際法で禁じられている鉛の弾を使っていたのです。

　手術の道具は何もないので、縫合もできません。傷口に白十字の脱脂綿をあてて、絆創膏で止めるだけでした。治るまで三カ月くらいかかったと記憶しています。抗生物質もないわけですから、傷が塞がるまでの間は激痛が昼夜を問わず続きました。七十五年経っても、その銃弾の痕は消えていません。

「五族協和」の精神を信じ、多民族と友好的に暮らす環境で育った私でしたが、凌辱(りょうじょく)される奥さんを見たときと自分が撃たれたときには、ソ連兵への憎しみは抑えがたく、どうしても許せませんでした。あの奥さんも子供の私もソ連兵に対して何もしていません。そんな無力の民間人に対する暴力の理不尽(りふじん)さを、この目と体で思い知らされたのです。小学生だったとはいえ、物事を理解できる年頃になっていましたし、中国人ともロシア人ともごく自然に仲良くしていた少年ではありましたが、ソ連兵の暴虐は決して許せませんでした。

のちに、『シベリア物語』というソ連の名作映画が上映されたので観に行きましたが、私は開始から五分と観ることができませんでした。どうにも胸をつく吐き気に耐えられず、劇場から出てしまったのです。満州で経験したソ連兵の二つの事件がよみがえってきてしまう……。トラウマというのでしょう。ですから、どんなに偉大な作曲家がいようとも、素晴らしいバレリーナや俳優がいようとも、ソ連と聞くと受け入れられない。

一九八九（平成元）年十一月九日に東西冷戦の象徴だったベルリンの壁が崩壊し、その後、十二月二十五日にミハイル・ゴルバチョフ大統領辞任に伴ってソ連が解体に至ったときには、「万歳(バンザイ)！　やった!!」と、私の中の宝田少年が喝采(かっさい)したのでした。戦争は憎悪しか生まないのです。

第三幕

お汁粉の月

八路軍の進出と祖国への引き揚げ

ソ連軍が満州から退去すると、毛沢東の共産党軍（通称・八路軍）が満州に入って来ました。一九四六（昭和二十一）年五月からは、ようやく日本への引揚船が葫蘆島から出港を開始しました。ハルビンからも正式な引き揚げが始まりましたが、第一次、第二次の名簿に我々の名前はありませんでした。ちなみに、葫蘆島の港は、清朝が滅亡した一九一二（明治四十五）年以降、この地域を実質的に支配していた軍閥の張作霖の奉天政権がつくったものです。ソ連軍の侵攻によって、大連や旅順の港が使えなくなったため、多くの日本人が葫蘆島から引き揚げたのでした。

日本の敗戦によって戦勝国となり、国際連合安全保障理事会の常任理事国入りを果たした中華民国は、統一戦線を維持する目的がなくなり、また戦後構想の相違もあって、蒋介石の国民政府軍と毛沢東の共産八路軍が再び武力衝突に発展していきました。第三次国共内戦です。

蒋介石率いる国民政府軍は軍閥が腐敗し始め、アメリカから支給された武器も投げ捨て、勢いを増す八路軍に追われて鉄橋を爆破しながら南下して逃げました。それがのちに台湾に落ち着いて、国民政府を移すことになるのです。

八路軍は農民兵隊で、靴も服装もボロボロでみすぼらしく、およそ兵隊という感じではありませんでした。路上で野営（やえい）していた八路軍は、ソ連軍のように略奪、強姦（ごうかん）、暴行は働きませんでした。そういう意味では、八路軍の兵士は軍隊教育がよく行き届いていたという印象がありました。農民や大衆の支持を得た八路軍は堂々と満州に進出してきました。子供ながらに、八路軍の兵士は貧しいけれど「怖くないな」と思っていたので、野営している彼らに食べ物や飲み物を持って行きました。彼らは「謝謝（シエシエ）」（ありがとう）と素直に受け取りました。

ソ連兵に生死を彷徨（さまよ）うほど痛めつけられたというのに、懲（こ）りずに兵士に声をかける少年でした。特別、勇敢だったわけではありません。蒙古（もうこ）人、中国人、ロシア人、韓国人をはじめ、すべての民族と仲良くしなければならないという「五族協和（ごぞくきょうわ）」や「八紘一宇（はっこういちう）」の精神が私の中に浸透していたのだと思います。日本軍の掲げるスローガンではなく、真の民族共存を生活の中で身に付けていたという意味では、風変りな軍国少年だったかもしれません。

中国人は一度知り合うと日本人以上に親密なお付き合いができます。戦後の混乱した状況の中で、「日本に帰るより、私たちがかくまってあげるから、安全に帰られる日を待ちなさい」と言ってくださった人がいたほどですから。威張り散らす在留邦人たちに散々痛めつけられ、むごい仕打ちも受けていたというのに。親しくしていたとはいえ、立場が一転した状況の中で、そのようなやさしい言葉を私たちにかけてくれた人もいたのです。日本は軍部の台頭によって中国に侵攻しましたが、中国をもっと大事にしなければいけなかった。もちろん天然資源や食料は国威発展のために日本が必要としていたのでしょう。けれどそれを搾取してはいけない。真の「五族協和」が実現していたら別の未来があったのではないか。いずれにしても満州国を失ったことは日本にとって大きな損失だったことは否めません。

ようやく一九四六（昭和二十一）年十一月、ハルビンの第三次引揚団で我々の帰国が決定しました。「ああ、これで帰れる」と思い、日々の窮状から逃れられることに安堵しました。

ただ、気がかりなこともありました。父と私と交代で石炭運びの使役に行っていた中学生の兄・昌夫が、行方不明になってから半年が経っていたのです。ある日、いつものように使役に行ったまま、夕方になっても戻らなかったのです。一緒に使役に出た人に聞いても「もう帰ってるんじゃないか」と答えるだけで、何の手がかりもありません。夜になっても帰らず、一週間、十日、半月、一カ月が経っても帰ってきません。毎日帰りを待ちわびながら、どこかで殺されてしまったのだろうかと、安否を気にかける日々を過ごしていたのでした。そんな気がかりを抱えた中、宝田家の引き揚げ準備が始まりました。

軍から渡された青酸カリ

引き揚げの朝、九時頃に社宅を出て、五十分ほど歩いてハルビンの駅頭（えきとう）に着きました。リュックサックの中に入れられるものは、下着、着替え、食料品くらいのものでした。貴金属は没収されてしまうので、物々交換で事前に食料にしました。父は満鉄で長年勤続していたということで短刀を一振（ひとふ）りもらっていました。使いようがないので、普段、薪割（まきわ）りに使っていたのですが、日本の短刀は立派なもので、刃こぼれ一つありませんでした。もちろんそれも持ち出せません。満鉄の中にはピストルをもらった人もいたと聞きました。

位牌（いはい）、過去帳、祖父の海軍省の辞令や勲章、兄たちの写真をどうするか。写真はトランクに入れ、位牌は何とか重ねて入れました。私は教科書を自分の荷物に入れていたことが今でも不思議です。わずかな荷物しか持てないというのに、どうして持ち出したのでしょう。思えば、小学五年生で終戦です。そのあと学校も閉鎖されてしまい、一年以上も野放し状態でしたから、やはり勉強をしたかったのでしょうね。

終戦前に軍から渡されたものに青酸カリがありました。日本人は大人も子供も全員持っていました。戦陣訓（せんじんくん）の「生きて虜囚（りょしゅう）の辱（はずかしめ）を受けず、死して罪禍（ざいか）の汚名を残すこと勿（なか）れ」を徹底的に叩き込まれていましたから、何かあったらこれを飲んで死ねということだったのです。真っ白な粉末で、頓服薬（とんぷくやく）のようにパラフィン紙に包んでありました。それをいつも胸のポケットに入れて、着替えるときもきちんとポケットからポケットへ移して、なくさないよう肌身離さず携行していました。

あるとき、友達が犬で実験してみようと言い出しました。青酸カリを飲んだらどうなるのか、我々は知らないわけです。子供ですからやっぱり知りたい。そこで、友達が饅頭（まんじゅう）の中に入れて自分の家の犬に食べさせました。すると、一分もしないうちに口から泡（あわ）を吹いて痙攣（けいれん）し、硬直して死んでしまった……。あっという間に息絶えた犬の姿を目の前にしたときは、言葉を失いました。心底恐ろしかった。軍は何かあったらこのようにして死ね、と国民に強いていたのです。我々子供にさえ青酸カリを持たせていたのですから、戦況が悪化するにつれて軍部は常軌を逸していったといえるでしょう。

不思議なことに私の引き揚げの荷物に、青酸カリは入っていませんでした。どこでどうしたのか、まったく記憶にありません。おそらく引き揚げの道中で不要と判断して、どこかへ捨ててしまったのでしょう。引き揚げは死ぬためではなく、生きるための旅路でしたから。

行方が分からない兄のことと、もう一つの気がかりは、飼い犬ケリーのことでした。ケリーは雑種でしたけど、人間の言葉を理解できるのではないかと思えるほど利口で可愛い犬でした。しかし、どんなに可愛くても、引き揚げの旅に連れて行くことはできません。ケリーをどうするか、家族で話し合いました。

結局、社宅に置いていけば、誰か次に住む人が飼ってくれるだろうという結論となり、一縷の希望をもって泣く泣く置き去りにすることにしました。桶には水と内臓肉を煮たものや高粱やトウモロコシを湯がいたものをたっぷり入れて、それらと一緒にケリーを石炭箱に入れて蓋をして、私たちは住み慣れた満鉄の社宅を後にしました。

愛犬ケリーとの悲しい別離

駅に着くと「荷物を全部開けろ」と八路軍からの指示があり、みんな並んで検閲を受けました。不要と判断されたものは容赦なく没収されました。その場で火を焚いていて無造作に火中へ放り込まれました。

なぜか支那事変のときの塹壕の前に中国人を並ばせて首を落とす場面の写真を持っている人がいました。それを八路軍の兵隊に見つかって、「何でこんなもの持っているんだ！」と逆鱗に触れた。その人の奥さんは泣いて命乞いしましたが、その男性は駅のはずれに連れて行かれ、その直後、無慈悲な銃声が耳を貫きました。「何でそんなものを持ってきたのかねえ」と口々に恐れる大人の声に、私も「なんで……」と、帰国を目前にあっけなく奪われた命の現実に、やりきれない思いでいっぱいになりました。

宝田家には勲章がたくさんあって、海軍武官の辞令もありましたから、父も咎められました。それに加えて父が開戦時の首相だった東條英機に似てると言われ、あやうく殺されそうになったのです。父は勲章や辞令を「私の父のものだ」と祖父の位牌を示して、何とか逃れることができましたが、我が家も危ないところでした。

さらに祖父が村上藩の城主からいただいた、多くのお墨付も灰となりました。家族の写真は全部没収されて、あっという間に燃え盛る炎の中に投げ込まれました。そのときです。母がいきなり炎の中に手を突っ込んで写真を取り出したのです。それは兵隊に行った長兄・謙二郎の写真でした。写真の縁は焼け焦げていましたが、それを大事に持ち帰りました。男はそんな場面においては何もできませんが、母親とは強いものです。あのときの、一心不乱に素手で火の粉を払っていた母の姿が未だに忘れられません。母親とは、時になりふり構わない強さを発揮するものです。結局、その写真がのちに戦死を知らされた謙二郎の遺影となりました。ですから私の幼い頃の写真は一枚もないのです。我々は、こうして父の財産も思い出の品も何もかも、すべてを失い、無一物になりました。

戦争によって人生を翻弄された父・清

駅には十時ちょっと過ぎに着いていたの

で、六時間ほど待機していたでしょうか。夕方五時過ぎに駅舎の一番手前の、南に向かう一番線のプラットフォームに引揚列車が到着してやっと乗ることができました。父が満鉄の社員だった頃は、一等車しか乗ったことがなかったのに、初めて三等車に乗りました。車両全体にたばこのヤニがこびりつき、汚れていて嫌な臭いがしました。

荷物を置いて出発を待つばかりになって落ち着いたとき、ホームに犬がチョロチョロしている姿が見えました。

「かあちゃん、駅に犬がいるよ」

「あら、ほんと。あら？　あれ、うちの犬じゃない？」

「違うだろ」と私は言ったけれど、その犬がこちらに近づいてきます。紛れもなく我が家のケリーです。

「ケリーだ！」

ケリーが列車の窓に手をかけて中をうかがっていました。ちゃんと石炭箱に餌も水もたっぷり入れて置いてきたのに、なぜ……と思う間もなく、父が「窓を閉めろ」と言うが早いか私たちは身をかがめて座席に隠れました。息を潜めるようにしていましたが、利口なケリーのことです。匂いで我々のことを見つけたのでしょう。犬の嗅覚は人間の一億倍ともいわれています。ケリーは鼻で窓をトントンと叩きます。出発前のざわめきの中、クンクンと悲痛な鳴き声がガラスの向こうから聞こえてきました。そのとき、無情にも発車のベルが鳴り響き、列車はゆっくりと動きだしました。私はいてもたってもいられず、最後尾に向かって揺れる車内を駆けて行きました。見ると、ああ、ケリーが懸命に追いかけて来るではありませんか。しかし、列車は次第に速度を上げ、線路を走るケリーの姿は見る間に小さく遠くなって、景色の点となり、線路に吸い込まれて行きます。

「ケリー、ケリー！」

私は心の中で呼び続けました。やがてケリーはとうとう見えなくなりました。

ケリーとの別れを詠んだ短歌です。

水食料与え別れし我が犬はプラットフォームで我等を探す

それは胸を切り裂かれるような悲しい別れでした。帰国後、何度ケリーを思い出したことか。列車から見たケリーの姿が目の奥に焼きつき、無念さと申し訳なさに苛まれました。仕方がなかったとはいえ、家族の一員であったケリーを残してきたことは辛い思い出です。

私はケリーとの別離を忘れられず、日本に帰って生活が安定してからは、ずっと犬を飼ってきました。いろいろな犬種を飼いました。いちばん最初は白いスピッツでした。雌犬を主に飼ってきたのですが、代々映画女優の名前をつけています。マリリン・モンローのマリリンとか、今の犬はサラ・ベルナールのサラです。オードリー・ヘプバーンのオードリーもいました。ちなみに私は戌年(いぬ)なので、犬とは深い縁があるのかもしれませんね。

虱の軍隊を率いて引き揚げの旅

運よく我々は客車に乗れましたが、走り始めてから数時間で列車は止まってしまいました。行く手に鉄橋があるのですが、爆破されていて機関車と貨物車両が川に突き刺さった状態になっていて通れません。何もない荒野の中で、突然立ち往生です。なぜこんなことになっていたのかといえば、中国の国共内戦で敗れた蒋介石の国民政府軍が逃げ延びるために鉄橋を破壊しながら南下したためです。毛沢東の共産八路軍の勢いに押されて、追い詰められながら南下を続け、国民政府軍は台湾に新政府をつくったのです。

中国国内の内戦のために、我々引揚者がどれほど苦労したことか。鉄橋が渡れないので、急ごしらえの筏を自分たちでつくって川を渡りました。二十人も乗ったら危ないくらいの大きさで、婦女子を真ん中に乗せて、そのまわりに荷物を置いて、私ら高学年の子供や男性はまわりにつかまってバタ足で泳ぎ、筏を進めました。

流れが急なので、川を渡るとずいぶん下流に流されてしまいます。第一陣が降りて空になった筏を大人がまた対岸に運んで第二陣を乗せて……その繰り返しです。全員が渡り終えるのに二日くらいかかったでしょうか。

全員が対岸に渡ると、また一団となって線路沿いを歩きました。大人も子供も黙々と歩き続けました。歩いて、歩いて、しばらく行くと小さな駅に着きました。そこには引き揚げ用の貨物車がズラッと並んでいました。それは有蓋の貨物車もあれば、無蓋車もありました。無蓋車というのは貨物車のまわりに細長い鉄柱が六本ばかり立っているだけで、天井もなければ囲いもないのですが、それでも乗るしかありません。我々は人数を分けながら、婦女子を真ん中にして、そのまわりに子供たち、いちばん外側に大人の男性が乗りました。

時刻表のない旅です。いつ発車するか誰にもわかりません。乗り遅れたら荒野に置いて行かれてしまいます。ガタンガタンと列車が始動し、プーと警笛が鳴ったら、みんな急いで列車に飛び乗りました。私たちが乗った無蓋車は、床が腐（くさ）っていて真ん中に穴が開いていました。危ないので、リュックサックをそのまわりに壁になるように置いて対処しました。どこを目指しているのかもわかりません。ただ、無情に揺れる列車に身を任せて南へ向かう旅が続きました。

当て所（あど）ない列車の旅を詠んだ短歌です。

満州のマーク消したる無蓋車は引揚者乗せ葫蘆島に向う
屋根も無き貨物車なれば降る雨を避ける術なく母と抱きあう

半日もしないうちにまた、ある駅で止まってしまいました。私たちはハルビンで生き別れになったままの兄・昌夫に宛（あ）てて、先に我々が帰国することと新潟県岩船郡村上町の住所を記した短冊（たんざく）を、その駅に貼っておくことにしました。糊（のり）なんてありませんから草で縛（しば）りつけたり、石を重しにして置いたりしました。満州の大地に吹き荒（すさ）ぶ風に無力に飛ばされてしまうであろうこの小さな短冊が、どこにいるかもしれない兄の目に触れることがあるのかどうか、心許（こころもと）ない願いではありましたが、ほかにどうしようもありませんでした。

旅路の途中で残してきた短冊は、いくつかの駅ですべて使い切りました。

再び列車は南へと走り出します。雨が降る日もありました。無蓋車ですから雨に降られたらどうしようもありません。ずぶ濡れです。雨がやむまで母と抱き合って、じっと耐えました。

同乗者の顔は誰も彼も蒸気機関車の煙で真っ黒でした。もちろんお風呂なんて入れるわけもありません。食べる物もろくにないので、みな痩せ細った頬に目だけをギョロリと光らせていました。

列車に乗ったり降りたり、歩いたりして進んでいくうちに、洗濯をするような余裕はないですから、着ているものは旅路の過酷さを刻みつけるようにして日に日に汚れていきました。やがて、もう痒くて痒くてたまらない。虱でした。貨物車だけでなく、ときには草の上にも寝ましたから、誰も彼もみんな虱だらけでした。取っても無駄なほど、髪の毛から服の中まで至るところに虱がついていました。

米粒の如きしらみは丸まると我が身体をば安住の地と

虱を皮肉った短歌です。

虱は我々の血を吸って、丸々としていましたね。ちょっとシャツをめくると、縁に沿ってびっしり並んでいる。虱は小粒のお米くらいの大きさに膨らんでいて、それはもう、まるで軍隊式に「整列！」と号令をかけられたかのようで、見事なものでした。虱は爪を当てて潰すと血が飛び出すのです。思い出すだけでも痒くなってきます。そんな状態でしたから、博多に上陸するときには、アメリカの殺虫剤ＤＤＴを全身に散布されました。それはもう、真っ白になるほどに。

盗むかどうかではなく、生きるかどうか

ハルビンから葫蘆島に到着するまでの道中でいちばん辛かったことは、やはり何といっても飢えです。ハルビンを出発するときに持っていたロシアのカルパスというソーセージやロシアパンはすでにたいらげ、リュックサックの底のパン屑さえも食べ尽くしていました。何とかして食べ物を調達しなくてはならない。私たち少年は独立青年挺身隊みたいなものでしたから、中国人の畑に行っては白菜とかキャベツとか人参などの野菜を盗んで食

べました。それをみんなにも持って帰りました。だいたい三人で徒党を組んで強盗略奪のために畑に入りました。引っこ抜いた人参は、服にこすりつけて泥を落とし、そのまま齧りました。もちろん葉っぱも食べました。人参は甘くておいしかった。

　こちらが盗むばかりではありません。引揚列車は三十両くらいを一台の機関車に引っ張らせているので、カーブになるとスピードが落ちます。そうすると中国人が畑の中から現れ列車に近寄って来て、引っかき棒を使ってリュックサックを落とすのです。我々にわずかばかりに残された荷物を奪うのです。そんな目に遭いながら、ひたすら南へ南へと進んで行きました。

　途中、いくつかの集結地があって、そこで二泊くらいしました。大きな馬小屋みたいな粗末なものですが、屋根があるだけありがたかった。中国人たちは引揚者が滞在することを知っているので、豆ごはんや高粱のご飯、お汁粉をつくって売っていました。中国にも小豆はありますからね、日本人がお汁粉好きだということを知っていて売るのです。売っているといってもお金がありませんから、なけなしの服と交換でした。

　常にお腹を空かせていた私たち少年団は、「お汁粉を食いに行こう」と企てました。夜を待って友達と二人で寝床を抜け出し、葦簀で覆い縄で縛ってあるお汁粉売り場へ忍び込みました。大きな中華鍋の蓋を開けると、なみなみとお汁粉が入っていて、月の明かりが揺れていました。中国の詩人なら一編詠むところでしょう。杜甫の詩に「月夜」という美しい五言絶句があります。戦乱の中、軟禁された杜甫が離ればなれになった妻を偲んで詠んだ詩です。もちろんお汁粉を前にした我々にそんな詩情はかけらもなく、静かに映る月を乱して、「一、二の三！」で鍋に顔を突っ込んで食らいつきました。

「おいしいなあ」と食べるだけ食べて満足した私たちは、中華鍋の蓋を戻して、こっそり寝場所に帰りました。すると数人の中学生たちが私たちを見てケラケラと笑っています。

「なんですか？」

「おまえら、お汁粉を盗み食いしてきただろう。うまかったか」とニヤニヤしながら聞いてきます。

「はい、おいしかったです」

「ばかだなあ。あれは俺たちが半分以上食って、小便をぶちまけてきたやつだよ！」

もう、それを聞いてムカムカと腹が立ちましたけど、相手は二級上級生です。喧嘩をしても負けるに違いありませんから、そこはグッと拳を握って我慢しました。我々も盗み食いをしているのでもちろん親にも言えません。ゆらゆらと月を映したあのお汁粉には、そんなものが入っていたのか！　それこそ杜甫の風情どころではありません。

そんなものも食べて生きてきましたから、ワクチンを打たなくても私の体には実にいろいろな抗体ができていると思います。今の日本では考えられないくらい雑菌にまみれ、あらゆるものを食べてきました。ちょっとした病気は全部はねのけてきたといえるでしょう。ですから、新たなウイルスも怖くはありません。最悪の環境で健全な精神と強靭（きょうじん）な肉体を培（つちか）ってきた、とでもいいましょうか。内地にいた人も食べるものに苦労したでしょうけれど、私たちは本当に何でも食べました。挙句（あげく）の果てにとんでもないお汁粉を食べてもお腹をこわさなかったほどですからね、人間の体とは不思議なものです。

　引き揚げの旅の数カ月間、六歳下の弟・宏も一緒にいたのですがまったく記憶にありません。弟はどうしていたのか。おそらく両親が抱っこするなりしていたのでしょう。あの過酷な旅をよくもはぐれず、命も落とさずついてきたなと感心します。途中で、食べ物に困って野菜と子供を交換したり、具合が悪くなってしまった子供を泣く泣く中国人に預けたりする人もいたのです。それがのちの中国残留孤児です。幼かった弟には引き揚げの旅の記憶はないそうです。それはそうでしょう。それにしても、よく連れて帰れたと今さらながら驚かされます。

一方、私はもう小学校高学年、引揚団の中では青年みたいなものでしたから、もっぱら食料集めに勤(いそ)しんでいました。ハルビンでの石炭集めの経験を活かして盗むわけです。はっきりいって泥棒です。餓死(がし)と隣り合わせの泥棒です。それは〝盗むかどうか〟ではなく、〝生きるかどうか〟でした。ハルビンの強制使役で石炭を盗んで見つかったときは、銃を発砲する音がして、「撃たれる！」と覚悟しましたが、頭が割れそうになるほど殴られただけで済んだ。濱江(ビンジャン)駅の操車場では、お腹を撃たれましたけど、それでも生き延びた。何があっても生き延びるんだというサバイバルする知恵と度胸が宝田少年にはすでに備わっていました。

駆逐艦「宵月」で祖国に帰国

過酷な道のりを経て、やっと錦州(きんしゅう)の港・葫蘆島へ到着しました。葫蘆島の馬小屋のような収容所には、引揚者が満州各地から数千人集まって来ていました。敗戦時、満州には百五十万人の日本人がいたと言われています。日本政府による帰国事業は前期の一九四六（昭和二十一）年から一九四八（昭和二十三）年、後期の一九五三（昭和二十八）年から一九五八（昭和三十三）年の二期行われました。前期でほとんどの人が帰国しましたが、その二期の間に四年間の断絶期がありました。このことが、行方不明になっていた兄・昌夫の帰国に大きく影響したのです。

港から太くかすれた汽笛が聞こえ、「ああ、これでやっと帰れる」と初めて実感しました。十日間ほど滞在して乗船を待ちました。正式な引き揚げのルートですから、ここまで来ると一息つけるような安堵感がありました。食事も支給され、高粱やヒエの入ったサラサラした中華粥（ちゅうかがゆ）とザーサイが出されました。ここから引揚船に乗って、佐世保、博多、舞鶴に分かれて帰国したのです。引揚船はアメリカ軍から貸与（たいよ）された大きなリバティ船。軍の輸送船でした。

いよいよ、我々が船に乗る日がやって来ました。出立（しゅったつ）の支度（したく）を整えて列に並んでいる私たちの側に、日本の軍艦が停泊していました。その船体には「宵月（よいづき）」と書いてありました。「君たちはこれだ」と言われ、私たちはリバティ船ではなく、日本の駆逐艦（くちくかん）「宵月」に乗ることになったのです。もちろん砲門などの戦闘装備はすべて外（はず）されていましたが、乗組員は元海軍の兵隊さんたちで、艦長さんも元海軍少佐という立派な方でした。「ご苦労さまでした」と、彼らが乗船客として我々を迎えてくれて、三百人ほどの引揚者が乗り込み

引き揚げの際に乗船した駆逐艦「宵月」　写真提供：世界の艦船（海人社）

ました。

艦長の荒木政臣（まさおみ）さんとは、その後、日本に帰ってからもずっと手紙のやりとりをしていました。広島出身の方でしたが、私がのちに広島に行くときにお会いすることができました。というのも引き揚げ後、俳優になった私が、駆逐艦「宵月」に乗って引き揚げて来たということを雑誌のインタビューで話をして、その記事を読んだ元水兵さんたちの計らいで荒木艦長からお手紙をいただいたのです。駆逐艦「宵月」は終戦間際、一九四五（昭和二十）年一月三十一日に竣工。戦禍（せんか）を生き残った数少ない船の一つでした。

ようやく、夢にまで見た祖国日本に向かっての出港です。そのときの気持ちを思い出して、のちに高校生になってから詠んだのが、冒頭の漢詩「送別歌」です。

体は日本に向かっているけれど、共に過ごした多民族の友人や、私を育ててくれた大地との別離です。辛いこともありましたが、後ろ髪をひかれる想いもあります。ソ連兵に殴られ、銃弾を受けながらも死に物狂いでここまで来て「帰れるんだ」という安堵の想いと相まって胸がいっぱいになりました。

大陸で育った私は、日本のことはニュース映画で見たくらいの知識しかありません。友達の持ち帰った宮城の玉砂利に頬ずりして心から慕った祖国でしたが、実際は私には遠い存在でした。ましてや本籍地である新潟の岩船郡村上町などは、どんなところなのか想像もつきません。そんな複雑な心境を胸に湛えての離岸でした。

葫蘆島からは二日かけて博多港に着きました。二日目の朝、朝日差す青海原を前に「あれが朝鮮の済州島だよ」と言われたのを覚えています。葫蘆島から博多港へ向かう間、駆逐艦の双眼鏡を覗かせてもらったりもしました。艦橋に上がれるなんて元軍国少年にとっては夢のようでした。「おいで」と乗組員さんが声をかけてくれて、海上から緑豊かな日本の姿を目にしたのです。博多湾に停泊している間も、これから上陸する祖国の港を、期待と不安でどきどきしながら双眼鏡で見ていました。

この停泊中に、船上で数カ月ぶりにお風呂に浸かった日のことは忘れられません。船上には前甲板と後甲板で男女に分け、大きなシートでしつらえた簡易的なお風呂が設営されていました。ありとあらゆる汚れと辛い出来事を洗い流し、心身共に温まるかのようでした。険しい旅路で蓄積され続けた緊張がようやく解(ほぐ)れたのでしょう。これほど気持ちのいいことはありませんでした。

ハルビンを出発してから、およそ二カ月、飢えと戦い抜いた壮絶な旅が終わりを告げました。

第四幕

異邦人としての旅路

心の傷を癒してくれた〝柿のおばちゃん〟

博多湾に停泊して約一週間、入港前にまず検疫が行われました。検便が終わって疫病の感染者がいないことも確認できたのでしょう。船はようやく博多の埠頭に横づけされました。ぺちゃんこのリュックサックを背負って空の飯盒を下げて整列していると、虱退治のため一斉に殺虫剤ＤＤＴを頭のてっぺんから足の爪先まで噴霧されました。全員が真っ白になったまま並んでいると、前の方で湯気が上がっていました。一人ずつ何かもらっているようです。何だろうと思って自分の番になったら、なんとソフトボールくらいの大きなかやくご飯のおにぎりが手渡されたのです。炊き出しでした。「うわー、ご飯だ！」と、おにぎりの大きさと温かさに胸がいっぱいになりました。そのおにぎりの心に沁みわたるおいしさは、どんな言葉を使っても言い表せないほどでした。

支給された靴を履いて蒲鉾兵舎まで歩いて行き、そこで三日か四日を過ごしました。いろいろな手続きが行われたのだと思います。蒲鉾兵舎とは半円筒形をした組み立て式の兵舎です。倉庫にも使われ、戦後アメリカ軍が日本に持ち込んだもので、日本中に建てられました。当時、博多港は日本を目指す海外からの帰国者の海の玄関口として、「引揚援護港」に指定されていました。そして「博多引揚援護局」が設置されており、学徒動員された大学生が引揚援護局で、今でいうボランティアの仕事をしていました。学帽を被った大学生はとても立派に見えたものです。彼らが出身地ごとに帰国者を引率して連れて行ってくれるのです。そういう制度でした。私はこのとき、十二歳になっていました。

父親の故郷である新潟県岩船郡の城下町・村上に行く前に、大阪の親戚のもとへ立ち寄りました。大阪は人が多く、活気にあふれていました。博多駅から大阪駅まで列車に乗って行き、そこから南海電車に乗り換えました。やがて、車内が混んできました。すると、どこからか大阪弁で「荷物をおろさんかい！」という怒鳴り声が聞こえました。初めて聞く大阪弁に私は驚き、「なんだろう、日本語だろうか」とさえ思いました。乗客たちの視線は、我々の持っていたぺちゃんこのリュックサックに向けられていました。満員の車内で、飯盒とわずかばかりの衣類の入ったリュックサックが邪魔だと罵声を浴びせたのです。もう頭にきて、とっさに大きな声が喉をついて出ました。

「引揚者なので荷物がないと帰れません！」

私の声に、車内は静まり返りました。

「どこから帰って来はりました？」と、やさしいおばさんが重苦しい沈黙を破って、穏やかに声をかけてくれました。私は悔しくて、悔しくて、泣きそうになって答えました。

「ハルビンからです」

やっとの思いで帰国した私たちが、日本人にかけられた第一声は罵声だったのです。「ふざけるな！　こっちは満州で鉄砲の弾にあたって死にかけた人間だぞ」と心底、腹立たしく悔しく思ったものです。

今川駅で降りた私たちは、踏み切りを渡って両側に畑が広がる一本道をとぼとぼと歩きました。ふと見ると左側に八百屋さんがあって、そこに見たこともないような大きな果物が笊（ざる）にのせて置かれていました。「あれはなんだろうなあ」と思いながら通り過ぎました。しばらくすると、後ろから下駄の音が小走りに追いかけてきます。その八百屋さんの割烹（かっぽう）着姿（ぎすがた）のおばちゃんでした。

「どこから帰って来はりました？」

「ハルビンからです」

「そうでしたか。ご苦労さんでしたなあ。さあ、これ、食べなはれ」

おばちゃんの手にはさっきの果物が四つ。それを両手に下げた私の空の飯盒の中にポンと二つずつ入れてくれたのです。今まで空だった飯盒がずしりと重くなりました。赤くて大きな果物で飯盒は満たされていました。「見ず知らずの人がどうして……」と驚きながらも、おばちゃんのやさしさが嬉しくて、私は飯盒を落としてわんわん泣いてしまいました。疲れ切って萎れていた少年の心におばちゃんの情けが身に沁みて、胸がいっぱいになってしまったのです。

それは柿でした。日本にはこんな大きな柿があるんだなあと思ったものです。満州ではそういう柿は見たことがありませんでした。柿は、甘くてトロッとしていて、どんな果物よりもおいしかった！

その柿のおばちゃんには、私が俳優になってから再会できました。私のファンクラブが大阪に結成されて、代表の人から「ファンクラブの集いに来ていただけませんか」と声がかかったので、大阪の北野劇場（現・ＴＯＨＯシネマズ梅田）で「宝田明ショー」を開催した、その折に伺いました。集まってくれたファンからキャーキャーと黄色い声援が飛んで、プレゼントももらったりして。その頃は二枚目俳優として、私も若い女性に人気がありましたからね。

そのうちに、「宝田さん、目をつぶってください」と促されたので、目をつぶってしばらく待っていると、「さあ、宝田さん、目を開けてください」との声。目を開けた私はハッと息を飲みました。

「柿のおばちゃん！」

なんと、柿のおばちゃんが目の前に立っていたのです。あの頃のまま、割烹着に下駄履き姿で……。私が雑誌などの取材でおばちゃんのことを話していたので、ファンクラブの方たちが探し出して、その格好で来てもらったのでしょう。柿の時期ではなかったので、柿こそ持っていませんでしたが、あのときと同じ笑顔で「こんなに偉くなるんやったら、あのとき柿をもっとあげるんやったわ」と、かつての少年を見上げて言いました。

私はまた、わんわん泣いてしまった。その後もおばちゃんと身内の方が私の舞台をいつも観に来てくれていました。おばちゃんは十五年くらい前に亡くなられましたけど、本当にやさしい人でした。

日本に帰ってきて満州で受けた苦労が、電車のおばさんと柿のおばちゃんの情けに触れて、やっと報（むく）われたと感じました。この二つの出会いは、引き揚げ当時の私を支えてくれた決して忘れられない大切な思い出です。

徳育が疎かになった現代の教育現場

大阪の親戚に一週間くらいお世話になり、そこから今度は本籍地の新潟へ向かって出発しました。目指すのは新潟県岩船郡村上町です。真冬になるちょっと前、まだ雪が深くなる前でした。村上に着くと、菩提寺である善行寺(ぜんぎょうじ)の一隅(いちぐう)の三畳ほどの部屋をお借りして親子四人の生活が始まりました。

我が家は村上の士族の末裔(まつえい)ですから、「寶田さまの坊ちゃまが満州から帰ってらっしゃいました」という、そんな雰囲気でした。「たからだ」ではなく、なぜか、「ほうだ」と呼んでいましたね。うちは本家で、分家もずいぶんあります。

村上は城下町で、私たちが満州から戻ったときも階級社会の名残がありました。本家の屋敷はすでに国に接収(せっしゅう)されていて住むことができなかったのです。昔、住んでいたという立派な家にも行ってみましたが、囲いの外から覗(のぞ)き見るだけ。それは立派な武家屋敷でした。士族の末裔とはいえ、「引揚者」という烙印(らくいん)が押されていたことも感じていました。

村上は風光明媚(ふうこうめいび)な静かなところでした。海岸に沿って瀬波温泉があり、海水浴場もあり

士族の学校としてつくられた村上本町小学校。洋風校舎が斬新であった

ます。夏には泳ぎに行ったりしました。秋が深まると三面川に鮭が遡上してきて産卵します。鮭は、江戸時代から藩の財源にもなっており、その繁殖にも力が注がれてきました。

　村上での暮らしで驚いたのは、士族の学校と町民の学校が通りを隔ててあったことです。士族の学校は臥牛山というお城のあった山から伐採した樫、檜などの上等な木でつくられていましたが、町民の学校は五倍くらいの児童数なのですが、質素な校舎でした。

　旧態然とした村上は、満州での暮らししか知らない私にとってはカルチャーショックも甚だしく、ここは日本かなと思うくらいでした。私は「士族の末裔」ですから、それなりに扱われるのですが、一方で「引揚者」という目でも見られる。祖国に帰って来たはずなのに、まるで異邦人のようでした。

ハルビンで育った私は、多民族の中で生活をしてきましたので、士農工商の名残が未だあるような環境にはどうしても馴染めませんでした。なかなか入っていけないなと思うと同時に、一種の諦めもありました。幼いときから中国人やロシア人と一緒に育ったわけですから、文化的な違いはどうにも埋めようがありません。そんな自分の気持ちは誰にも伝えることもできず、胸に秘めて過ごしていました。

私は村上本町小学校六年に転入しました。学校では満州での出来事を話すことはありませんでした。おそらく理解してもらえない。理解してもらえるように話すのも難しく思えました。まわりから見たら、何を考えているのかわからないという感じだったかもしれません。

敗戦後、武装解除され無政府状態になったハルビンでは学校は閉鎖されていました。勉強したいという気持ちもありましたが、何より生活が第一でした。とにかく食べるための戦いの日々でしたから。

それでも、いつかは勉強をする場に戻れることを望んでいました。小学五年生で終戦を迎え、そのあと学校へ通えなくなって一年以上ブランクがあり、小学校高学年で習うべきことを学んでいないわけです。高学年の知識は将来にも影響します。

ですから帰国後は勉強の遅れを痛切に感じました。どうもついていけない。黒板に書か

村上本町小学校時代の集合写真。最上段左端が筆者

れた問題がさっぱりわからない、どうしたらいいんだろうなあ、と途方に暮れる日々でした。参考書を買うお金もありませんでしたから、まったく手探りの状態でした。結局、小学校高学年で学ぶことは取り戻せず、この年齢になってしまいました。その部分はぽっかりと空洞になっていて、未だにその後遺症が残っている気がします。小学校高学年の勉強はいちばん大事ですね。それを痛感していますす。今でも孫の学校のテキストなんかは真剣に見入ってしまいます。

今の日本の教育は中途半端だと思います。いちばんの欠陥は、学校でしっかりとした徳育教育をしなくなってしまったことです。我々の世代は、小さい頃に礼儀、責任、規律、恥を知るという人として大切な四つのことを叩き込まれました。命を粗末にするような軍国教育はあってはなりませんが、徳育は必要です。人が人に対して敬意をもって振る舞う基本とでもいいましょうか。それは時代を超えて大切にすべきものだと思います。

もう一つ、懸念していることは、古き良きものに対して過剰に神経質だということです。童謡「桃太郎」が「鬼の征伐に……」という歌詞から海外派兵をイメージすると敬遠されます。異民族を征伐にいくのだからいけないと拡大解釈する。本来は小学校の読本唱歌にもあった勇気の湧く元気な歌なのに……。土井晩翠作詞、滝廉太郎作曲の名曲「荒城の月」も旧体制を示すものであり、こんな難しい歌詞の歌を子供に教える必要はないという判断です。それでは日本語を音の美しさから味わう機会を失ってしまうでしょう。また、童謡「一寸法師」は身障者を侮辱しているからだめだという見解もあります。果たしてそうでしょうか。徳や真の共存について、今一度考えてみる必要があると私は感じています。

二人の兄との再会

家計は火の車でした。そこで、母が村上から三十キロメートルほど離れた新潟市に近い

かつての村上の商店街。この道沿いで母と魚を売っていた

新発田（しばた）に出向き魚介類を仕入れてきて、それを雪の上に置いて売る商売を始めました。父は士族の末裔ですからね、まったくそういうことはできません。もちろん母も商売をしたことはありませんでしたが、何といっても燃え盛（さか）る炎に手を突っ込んで息子の写真を取り出せるような気丈な人でしたからね。家族を食べさせるために懸命でした。よそのお宅の軒下（のきした）を借りて、積もった雪の上に魚を並べて売っていたのです。私は午前中は学校を休んで仕入れから戻る母を駅まで迎えに行って、その荷物を自転車で運びました。「ホッケいかがですか〜」「今日は鱈（タラ）がおいしいですよ〜」と売り子をして手伝いました。お昼くらいまで母を手伝ってから学校に行っていました。学校はすぐ側でしたからね。引揚者ですから、そのくらいのことは別に何でもありません。週に四

日くらい手伝っていたので、午前中の授業はほとんど出ていませんでした。

そんな生活でしたが、別に苦しいとは思いませんでした。

「これが当たり前なんだ。俺たちはこれでいいんだ」と受け入れ、こうした境遇になったことに対して何の不満も感じませんでした。敗戦後、みんな苦労しているんだし、満鉄で蓄えたものはすべて大陸の夢と消え、我が家は無一文で帰って来ていますからね。故郷といっても親戚にも頼れません。誰に文句を言うこともなく、すべての想いを胸に秘めていました。恥ずかしいも何もありません。「俺たちはこれでいいんだ」と悟ったようにわきまえている部分がありました。

二月のある雪深い日のことです。牡丹雪が静かに降る中、いつものように「ホッケいかがですか〜」と呼び込みをしながら魚を売っていました。一メートル二十センチくらい雪が積もっていて、その上に魚を並べているので、道行く人は下半身が黒い影のようにしか見えません。そろそろお昼かなという頃に、我々の前に黒い影が立ち止まりました。男の人が低い声で私に尋ねました。

「役場はどこですか？」

「突き当たりの益田書店を右に曲がったところに役場がありますよ」

その男の人は黙って私たちから離れていきました。黒いマントのようなものを羽織って、髪はボウボウ、髭（ひげ）を生やし、軍靴（ぐんか）には雪で滑らないように縄が巻かれていました。二十メートルくらい行ったところで立ち止まり、じっとこちらを見ているようでした。

「かあちゃん、さっきの男の人、あそこにまだ立ち止まっているよ」

「あら、ほんとだわね」

母は気にする様子もなく「もうお昼だし、そろそろ閉（し）めて学校に行かないと」と言うので、並べた魚を片づけ始めると、その男の人が再びこちらに向かって歩いてきました。だんだん近づいて来るその人の顔をじっと見て、思わず「ああっ」と驚きの声を上げました。

「兄ちゃん？」

「明か？」

なんと、それは満州で行方不明になっていた三兄・昌夫だったのです。よく見ると、顔はケロイドのようになって傷だらけでした。しんしんと雪が降る静寂の中で、私たち三人は固く抱き合い涙を流しました。

しかし、次の瞬間、兄の口をついて出たのは怒りのこもった冷徹な一言でした。

「何で俺を置いて帰った」

引き揚げ時に兄に宛てて短冊を書き、駅や枕木に括りつけてきましたが、兄は捕縛されることを恐れて、駅のような人目のつく場所はなるべく避けてきたというのです。遠く離れず、しかし近寄ることなく線路の見えるところを歩きながら一人で南へ向かったのだそうです。

お寺に帰って、兄を五右衛門風呂に入れ、床屋さんを呼んで散髪をしてもらいました。その間、兄は何も話しませんでした。

「兄ちゃん、いったいどうしてたの？」と私が聞くと、兄は石炭担ぎの帰りにソ連兵に捕まって、兵舎に連れて行かれ、炊事場の仕事をさせられていたのだと答えました。一年以上経って、ようやく解放され懐かしい我が家、満鉄の社宅に帰ってみたら、すでに引き揚げ後でもぬけの殻。人っ子一人いなかったのです。考えてもみてください。広大な満州の地で、中学生がたった一人になったのです。そのときはすでに引揚事業の断絶期で、公式な引き揚げルートがなかったそうです。兄はたった一人で、都市部では線路の見える茂みを歩き、田舎町では捕まらないように身を潜めながらひたすら南を目指したのです。途中、農家に行ってはロバの代わりに臼挽きをしてトウモロコシのパンや豆乳などの食べ物とお駄賃をもらうことを繰り返し、南へ向かった。壮絶な旅路を一人でたどっていた兄に、我々が駅や枕木に置いてきた短冊など、到底届くはずはなかったのです。

命がけで錦州近くまで来たけれど、正式な引揚船はありません。そこで兄はまた、働きに働いてお金を貯めて密航船を雇い、それに乗って日本へ帰って来たのだそうです。渤海湾、玄界灘の激しい波間を、おそらく船頭一人の粗末な船で、荒波に浮かぶ木の葉のように翻弄されながら九州のどこかの砂浜にたどり着いたのでしょう。

そこから宝田家の本籍地「新潟県岩船郡村上町大字本町七一九番地の一」を目指して歩き始めたのです。日本海側を必死の思いで歩き続け、ようやく村上へ着き、役場に行こうとしたところで、偶然にも魚を売っていた母と私に出会ったのでした。

田舎のことですから世間の目も口もあるし、じっとしていてもしようがないということで、兄は人の紹介でスキー工場に働きに出ました。ところが三日目に職場の人、五、六人を殴ってそのまま辞めてしまい、村上から立ち去ってしまったのです。その後、私たちは東京へ上京したので、兄はまた家族と離ればなれになってしまったのでした。

また別のある日、魚を仕入れに行った母親を駅まで迎えに行ったときのことです。いつもの時間の列車から母が降りてこなかったので、次の列車を待とうと、改札口で走り去る列車を見送っていました。そのうちに背後から足音が聞こえてきました。今の列車で降りた人たちでしょう。振り返って見ると、学帽を被った大学生が後ろに三人の復員兵を連れて改札を出て来ました。私たちが引き揚げて来たときに引率してくれた学生さんに似ているなあと思いながら見ていました。

「皆さま、ご苦労様でございました。ここでお別れいたします」

「お世話さまでした」

そんなやりとりを側でじっと見ていた私は驚きました。

「あれ、兄ちゃん？」

なんと出征していた二兄の正彦でした。復員して帰って来たのです。たまたま駅で会えたのでした。

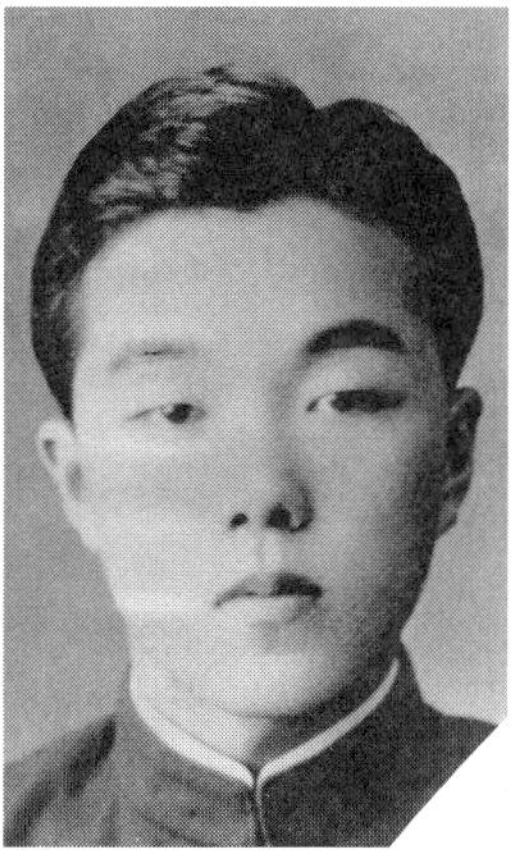

遺影となった長兄・謙二郎の写真

長兄の謙二郎は、引き揚げ後、フィリピンのルソン島での戦死の公報が届きました。結局ハルビンで母が炎の中から取り出した、焼け焦げたあの写真が遺影となりました。三人の兄たちは当時の青年がみんなそうであったように、戦争によって、大きく人生を変えられてしまった犠牲者でした。

初めて知った〝演じる〟ことの楽しさ

村上には二年ほど暮らしました。生活のために学校を休んで母の魚売りを手伝っていましたし、あまりにもハルビンで過ごした環境とは異なっていたこともあって、友達もいなくて、学校にはあまりとけ込めないままでした。

そんな私がどういういきさつだったのか忘れてしまいましたが、学校の発表会で『奇し(くす)き泉』という芝居の主人公を演じることになったのです。山奥にある若返りの泉の話をおじいさんから聞いた欲張り(よくば)のおばあさんが、泉の水をどんどん飲み続けて、最後にはとうとう赤ちゃんになってしまうというお話です。

その劇に出るようにと先生から言われたのです。私は当然、おじいさん役だと思って尋ねました。

「先生、僕はおじいさん役ですよね」

「いや、主人公のおばあさん役だ」

思わぬ答えが返ってきましたが、どういうわけか何の抵抗もなく、素直におばあさん役を引き受けたのでした。

演劇はこのときが初めてでしたが、不思議なほどに芝居に没頭できました。舞台に立っても臆することなく、自然に演じられました。これをきかっけに、一躍学校で人気者になったのです。廊下を歩いただけでも、「お、宝田」と声をかけられるようになりました。それまで親しい友達もいなくて、いろいろな想いを胸に秘めていた少年が、〝演じる〟ことで、何かを表現する楽しさを感じたのだと思います。これが芝居の世界へ目覚めた第一歩だったといえるかもしれません。

村上での暮らしぶりは一向に良くならず、私が中学二年生のときに上京することになりました。東京都北区豊島で親戚が紡績(ぼうせき)工場をやっていて、その会社の社宅に入れてもらうことになったのです。一九四八（昭和二十三）年、王子中学校へ転入しました。

「ニコヨン」「品川巻き」「賃餅」

上京してからも相変わらず生活は苦しくて、アルバイトは死ぬほどやりました。中学校を卒業し、豊島高校に進学しましたが、学生服も買えませんでした。仕方がないのでジャンバーで登校していました。ジャンバーを着て学校に来る奴なんて珍しいですから、金持ちの生徒の目にとまり、「おい、そのジャンパーくれや。俺の学生服やるから」と言ってきたのです。驚きましたね。その生徒にとってはジャンパーで学校に通うなんて型破り（かたやぶ）で羨（うらや）ましく思えたのでしょう。こちらはしめしめと。学生服が買えないからジャンパーを着ていただけなので、棚から牡丹餅（ぼたもち）みたいなものです。交換した学生服を着て記念写真も撮りました。

　アルバイト代の半分は家に入れて、残りで教科書や参考書を買いました。暮らしが思いどおりにならないからといって天に唾（つば）したところで自分の顔にかかるだけです。高校生の頃には、すでにそういった道理を悟っていました。親に迷惑はかけられないですから、自分のことは自分でやっていこうと心に決めていました。村上にいた中学校時代も日々の生活との闘いでアルバイトの連続でしたが、東京に出てからも同じでした。その頃は一日で二百四十円稼げる「ニコヨン」という日雇（ひやとい）労働があったのですが、稼ぎとしては率がいいので、「ニコヨン」をしたこともありました。

　学校が長期休みとなるとアルバイトで「品川巻き」をつくっていたこともあります。「品川巻き」は細長い霰（あられ）に海苔（のり）を巻いたものです。海苔を指先につけておいて、霰に巻いていきます。リズムよく、ときには醤油味のする指をチョチョッと舐（な）めたりして……。とにかくたくさん巻きましたね。

年末になると三十日からはお客さんからの注文で餅をつく「賃餅」のアルバイトです。洗った餅米を入れた四斗樽が、表の釜の側にいくつも置いてあります。私は火を焚いて大量の餅米を蒸かす係でした。店内ではお姉さんたちが機械で餅をついて、鏡餅とかお供え餅をつくるのです。私は寒空の下で蒸し器と格闘です。五段に重ねた蒸篭には蒸気が行き渡るようにしなければなりません。餅米の匂いが鼻をつき、半日もやったら、蒸気で胃をやられます。年末の北風吹く中での作業です。出来立てのお供え餅は外に出して並べられていました。あんまり寒くなると、そっとお供え餅の中に冷えきった指先を突っ込んで温めたものです。出来立てのお供え餅は軟らかくて温かい。冷えた指を包み込んでくれるようで……最高の暖房でした。もちろん、指の痕跡が残らないよう、ちゃんと形を整えてもとどおりにしておきました。

自分の中の〝何か〟を解放できた演劇

小学校での『奇しき泉』の体験が、芝居という世界の魅力を感じさせたのでしょう。中

都立豊島高校の演劇部に所属。『永遠のユダヤ人』を舞台化。後列右から3人目が筆者

学校、高校では迷うことなく演劇部に入りました。中学では自分で脚本を書いて、時代劇で喜劇をやったこともありました。

それはこんなお話です。ある田舎道の角にお地蔵さんが立っていて、村人がお供えを持って来る。そこへ駕籠舁き（かごか）の二人がやって来て、腹が減ってどうしようもないので、そのお供えを盗み食いする。教室の机を全部くっつけて舞台をつくって、気の合う相棒と二人で、盗み食いするさまを面白おかしく演じて大いに受けました。みんなゲラゲラ笑っていました。それが嬉しくて、楽しくて。役者になろうなんて全然思っていませんでしたが、ただただ楽しかったですね。

当時の私にとって、演劇は自分を表現する

『修禅寺物語』では夜叉王役を演じた。前列右から2人目が筆者

唯一の道でした。不思議と舞台の上なら自分をさらけ出して、表現することができたのです。大陸で育った幼少期の文化との違いで、引き揚げて来てからは、何かと周囲に馴染めず、異邦人のような孤独を味わっていました。だからといって、それをどう伝えればいいのかわからなかったし、同時に伝えても仕方ないだろうなあという諦めの気持ちもありました。育った環境がどうしようもなく違うのです。内地で鬼畜米英を叩き込まれて、外国人を排除する環境で育った同級生たちと、大陸でさまざまな言語を使って多民族と一緒に育った私とでは、文化的な背景が違い過ぎました。そんな私にとって芝居は、自分の中にある〝何か〟が自由に羽ばたけるような、

解放感がありました。その感覚に目覚めた遠因は、小学校で演じた『奇しき泉』の欲張りばあさん役だったと思います。

うまく演じられていたのかどうか、自分ではわかりません。でも、みんながアプローズ（拍手・喝采）してくれたのですから、うまく演じられていたのでしょう。初めて演じたときから、拍手を求めたことは一度もありません。芝居は観た人が評価するものです。それは小学校時代の初めての芝居から今までずっと変わらない私のスタンスです。

高校時代は岡本綺堂の『修禅寺物語』の夜叉王役から翻訳劇『永遠のユダヤ人』のユダヤ人役まで何でもやりました。

開校以来、初めてのラブシーンをやって教頭先生から猛烈に怒られたこともありました。ラブシーンといっても実際に唇を合わせたわけではなく、体の向きを変えてそう見えるように演出しただけだったのですが……。現実のことではなく創作したものなのに、それが受け入れられず、ひどく怒られました。全校生徒の前で吊し上げを食らいました。男女共学でしたので、演劇部の先輩の女生徒は「宝田君、負けちゃだめよ」なんて応援してくれたりしましたが、大騒ぎになりました。

小学校での初めての芝居から高校まで、役者になりたいという思いからではなく、唯一自分を自由に表現し、胸に抱えている〝何か〟を解放できる楽しさのために、演劇をやっていたのだと思います。

〝知らないおじちゃん〟の百円札

「おにいちゃん、これ。知らないおじちゃんから預かったよ」

高校二年生か三年生のある日のことです。近所の子供がチリ紙を折り畳んだものを私に差し出しました。開けてみると四つに折った百円紙幣が一枚入っています。そのチリ紙には「明、元気で。昌夫」と書かれていました。〝知らないおじちゃん〟の正体は村上から出奔(しゅっぽん)してしまった兄・昌夫だったのです。どこでどう探したのでしょう。私たちの住んでいる社宅を見つけ出し、家には顔を出さずに、私宛てに近所で遊ぶ子供にそれを託したのでした。慌てて周辺を探したのですが、兄の姿は見つけられませんでした。

兄は、親には満州で捨てられたという想いを拭(ぬぐ)えず恨(うら)んでいたようでしたから、なかなか心を開くことはできなかったのだと思いますが、私のことはずっと気にかけてくれていたのかもしれません。広大な満州の地にたった一人取り残された中学生が、自力で帰国するまでの苦労たるや想像を絶するものだったに違いありません。普通だったら、もう帰国を諦めて、中国人の下で畑作業でもして、中国人の奥さんをもらって家庭をつくって暮らしたことでしょう。その後、日本と中国の国交が正常化してから残留邦人として日本に来たかもしれません。帰国の苦難が兄の心身を残酷なまでに痛めつけ、自分を捨てた親を許せなくなった。だからもう親には会わない、会いたくない、そして迷惑はかけないと決めたのでしょう。それでも弟の私だけは可愛かったのかもしれません。苦労して貯めたであろう百円を、人を介して届けてくれたのですから……。

　上京してからも我が家の生活は苦しいままでした。この頃の私は大学に進学して、卒業したら会社員にでもなろうと考えていました。それが精いっぱいの夢であり目標でした。貧しい生活が続く中で、戦争の理不尽さはもちろん感じていましたが、その不満をぶつけるところもありませんでした。

　村上から東京に出てきて、何としても行ってみたかったのは宮城（皇居）でした。満州の空の下から羨望の眼差しを向けていた宮城。実際に陛下のいらっしゃる宮城をこの目で見てみたいという思いがありました。

　高校生だった私は一人で、省線電車（旧国電、現在のＪＲ）に乗りました。車内で「次は東京」というアナウンスを聞いただけで、ピッと体が反応して、踵を鳴らして直立不動になりました。ビルの間から大手門だったでしょうか、宮城の右端がチラッと見えただけで息もできません。まるで金縛りにあったかのようになりました。電車を降りて二重橋に向かって歩きながら、「もしかしたら今、陛下がここにいらっしゃるかもしれない」と思うと、足が宙に浮いたような気分になったものです。

いったい何をしたかったのでしょうか。宮城の中でお仕事している誰かに、私が満州で経験したいろいろなことを話したい、聞いてもらいたいと思ったのかもしれません。天皇陛下にお目にかかれるわけはありませんから、陛下を知っているどなたかに満州ではこんなことがあったのですよ、と自分の目で見てきた事実を、ただお伝えしたかったのだと思います。もちろん、それは叶いませんし、できるわけがありません。ただそんな気持ちになったことは、今でもよく覚えています。

映画を自由に観られる時代がやって来た！

アルバイトと受験勉強の合間には大好きな映画を観ていました。特に好きだったのはアメリカの西部劇。主人公たちが格好良かったですね。ジョン・ウェインの映画はずいぶん観ました。ヨーロッパの映画もたくさん観ました。フランス映画ならジャン・ギャバンが出演していた『夜は我がもの』『現金に手を出すな』など、イタリア映画だったら『無防備都市』や『自転車泥棒』。でも、ソ連の映画は観ませんでした。満州での辛い思い出がよみがえってしまい、どうしても観ることができなかったのです。

日本映画では、エノケンの映画や、上原謙と田中絹代のメロドラマを観ました。榎本健一、通称エノケンは歌えるコメディアンでした。当時の映画スターの中にはそういう才人もいたのです。一九一〇年代末から浅草でイタリアやフランスのオペラが流行したそうですが、関東大震災で興行街が壊滅すると、一九三〇年頃から浅草は喜劇の中心地になっていきました。一方、オペラで養成された歌手たちは映画界に進出し、一躍スターになった。エノケンはその中でもいちばんのスターでした。

上原謙は外国映画の俳優と比べても、引けを取らないスマートな二枚目でしたね。満州にいた頃に観た『西住戦車長傳』の主演も上原謙でした。田中絹代は当時の日本を代表する女優さんで、のちに映画監督にもチャレンジした映画人でした。

しかし、なんといっても私を魅了したのはアメリカ映画。ジーン・ケリーやフレッド・

アステアのエンターテインメント性の高さにも夢中になりました。

満州にいた子供の頃から映画は好きでしたが、戦争中は日本軍の検閲（けんえつ）があり、いわゆる戦意高揚映画が中心でした。敗戦後、今度はＧＨＱ（連合国軍最高司令官総司令部）によって日本映画は厳しく管理されましたが、一九四九（昭和二十四）年十月には、ＧＨＱの検閲が廃止され、ようやく外国映画も日本映画も自由に観ることができるようになりました。

私は、観る映画もコスモポリタンでした。そして、映画でそれぞれの国の文化の違いを知りました。満州でロシア人とも接していますから、内地の人よりも遥（はる）かに外国映画に描かれた文化を身近に感じられたのだと思います。

高校時代は映画だけではなく音楽での思い出もあります。実は「ＮＨＫのど自慢」の前身である「のど自慢素人演芸会」に出たのです。一九四六（昭和二十一）年にラジオ番組として始まった「のど自慢素人音楽会」は翌年、「のど自慢素人演芸会」と改称、一九五三（昭和二十八）年からテレビ同時放送になりました。私は親にも内緒で、ひそかにチャレンジしたのでした。のど自慢に出る日の朝、母には「生卵をください」とお願いして臨みました。昔から生卵を飲むと喉の滑りがよくなると言われていましたからね。オペラ歌手もそうすると聞いていたので真似（まね）をしたのです。お昼頃から学校を早退して浅草公会堂へ学生服のまま行きました。

選んだ楽曲は一九五一（昭和二十六）年に津村謙が歌って大ヒットした「上海帰りのリル」。私の音域がハイバリトンからテナーだったので、津村謙の歌はキーが合った。それに私には上海を望郷と感じるところがあって、この楽曲には郷愁を誘われる想いがあり、好きでよく口ずさんでいたのです。譜面を買ってひそかに練習しました。

こうして迎えた本番では、気分よくワンコーラスを歌い終え、しめしめと思ったらツーコーラス目の真ん中あたりで「カン、コン」と鐘を鳴らされてしまいました。きっと審査員も迷ったに違いありません。ワンコーラス目の感触から「これはひょっとすると」と思ったのですが、あと一歩及ばず。私の期待は無情なる鐘の音で潰えたわけです。しかし、そんな私が、のちに映画の主題歌を歌ったり、ミュージカルに出演したりするようになるのですから、わからないものですね。

第五幕

〝ゴジラ〟の生き証人

「螢雪時代」と「東宝ニューフェイス」

高校三年生になり、大学進学も考えて受験勉強をしていた頃のことです。池袋にある写真館の中垣スタジオのおやじさんから「東宝でニューフェイスを募集しているから受けてみないか」と声をかけられました。中垣スタジオは、私が通っていた豊島高校指定の写真屋さんで、文化祭などの学校行事の写真を撮っていました。

東宝ニューフェイスとは一九四六（昭和二十一）年から東宝が開始した新人発掘オーディションです。第一期生に三船敏郎がいます。

私は演劇部に所属していましたし、大の映画好きで映画館へ足繁（あししげ）く通ってはいましたが、自分が俳優になるなんて考えたことはありません。大学を出て、サラリーマンになることが生活していくには、いちばんいいだろうと漠然と思っていたくらいです。芝居が仕事になるという発想自体が当時の私にはまったくありませんでした。

「いえいえ、映画なんてとてもとても」と驚く一方で、「歌も歌えるし、受けてみろよ。落ちてもともとじゃないか」と演劇部の仲間の声にも後押しされて、ふと受けてみようかという気になりました。そこで、中垣さんが校庭で撮ってくれたニキビ面の写真三枚に本籍地、現住所、満州から引き揚げて来たことなどを罫紙に筆で書いた履歴書を添えて東宝に送りました。

返事が来るなんて思っていませんから、大学受験に向けて夜な夜な「螢雪時代」を開いて机に向かっていました。「螢雪時代」とは大学合格を指南する受験生必携の月刊雑誌です。当時は今のように塾もなければ、参考書もそれほどありませんでしたから、毎月、「螢雪時代」を買って勉強していたのです。

そんなある日、写真審査に合格したから東宝撮影所に来てくださいという内容の通知が届いたのです。文面を読むと次の審査は水着審査もあるので水着持参とのこと。審査当日は着替える場所もないだろうと思い、家から海水パンツを履き、つんつるてんの学生服に鞄をかけ、学生帽を被って、渋谷から成城学園行きのバスに乗りました。成城学園の二つ手前に「東宝撮影所前」というバス停がありました。

バスを降りて、いざ撮影所の正門に着くとどうにも怖気づいてしまいました。「だめだ、帰ろう。自分の来るところじゃないな」とガタガタと震え、とても中に入ることができません。一緒にバスを降りた人たちは、吸い込まれるようにその門を楽々とくぐって行きます。パリッとした学生服姿もあれば、ベレー帽を被った芸術家風な人もいました。

「こんな人たちが相手では勝負にならない」

私は自分の粗末な服装や華やかさにはほど遠い境遇を思い、ますます場違いな気がしてきました。颯爽と正門に入っていく若者たちを見届けたあと、「もうこれでいいや」と自らを納得させるような気持ちになりました。大陸育ちの怖いもの知らずの性分も、こんなときばかりはすっかりなりを潜めてしまいました。

「次のバスで帰ろう」と思いつつ、一時間以上も立ったり座ったりしていました。そんな私の姿を怪訝に思ったのでしょう、守衛さんが出てきました。

「君はさっきから立ったり座ったりしているけど、何をしているんだ？」

「オーディションを受けに来たんですけど……」

「もうとっくに始まってるじゃないか。番号を見せてごらん」

私はおずおずと自分の番号を見せました。

「こんな若い番号なら、もっと早く入らなきゃだめじゃないか」

「すみません……」

叱られて、私はますます意気消沈です。入り口までのたったの十数メートルがとてつもなく長い道のりに感じられます。そこで守衛さんと「入れ」「帰ります」「入れ」「帰ります」の繰り返し。しびれを切らした守衛さんに背中をポンと押されて、ようやく正門をくぐることができたのです。思い返せば、それが「俳優・宝田明」の第一歩でした。あのとき、あの守衛さんがいなかったら私は今こうしていなかったでしょう。守衛さんには足を向けて寝られません。

こうして遅れて審査会場に行くと、大きな雛壇に五十人くらいの審査員がいました。真ん中には審査委員長の山本嘉次郎監督。それから黒澤明監督、女優陣では岡田茉莉子さん、青山京子さん、男優陣では久保明さん……錚々たる監督、俳優、スタッフがズラリと並んでいました。

「なんでこんなに遅れたんだ、君は!!」

「早く着いていたんですけど、入るのが怖かったものですから……」

私が正直に答えると、檀上で笑い声が起きました。

「自分の番号と名前を言って、その白線の上を歩いて」

「はい」

指示に従って震える声で名乗ってから、白線の上を歩いたのですが、緊張と家から履いてきた安物の海水パンツで股ずれを起こしてしまっていて、思うように歩けません。

「どうしたんだ？　その歩き方は……足でも悪いのか？」

「すみません。家から水着を履いてきたんですが、股ずれになってしまったようで痛くてしようがないんです」

正直にそう答えると、また審査員たちから笑い声が起きました。

どうにも散々なありさまで、もうこれで落ちたなと諦めて、オーディション後は再び受験勉強に取りかかりました。当時は早稲田大学に憧れていて、あの座布団がのったみたいな角帽を被ってみたかったものです。ところが意外にも一カ月後に次の審査の連絡が届いたのでした。

東宝ニューフェイスの審査は一回や二回では終わりません。審査されるたびに「これはだめだ。きっと落ちた」と気落ちするのですが、どういうわけか次の審査の通知が届くのですから、もう気が気ではありません。審査のたびに、ごっそりと応募者の数が減っていきました。

三次か四次のときに、これまでいなかった顔ぶれが合流しました。「ミスター平凡」「準ミスター平凡」の男たちでした。「平凡」というのは、戦後創刊された映画や音楽で活躍する芸能人の情報を掲載した人気の雑誌です。二人はパリッとした上質の服を身にまとっていて、一分の隙もありません。磨き上げられた革靴はピカピカに輝いていました。一次審査から数カ月かけてここまでクリアしてきた自分たちとの違いを、まざまざと見せつけられるようでした。途中から出てきた彼らに反発心を覚えながらも、「彼らには勝てっこない」という気後れが再び浮かびます。ところが「だめでもともとだ。このみすぼらしい学生服を相棒に思いがけずここまで来たじゃないか」と、かえって肝が座って開き直りにも似た勇気が湧いてきました。よし、やってやろうじゃないか、と。

いよいよ進路も決めなくてはならない時期が迫ってきました。東宝からは何の音沙汰もなく、時間は淡々と過ぎていきます。毎日気が気ではありません。しびれを切らした私は、父に頼んで、東宝に電話して受かったかどうか聞いてもらいましたが、「まだ審査中ですから、連絡をお待ちください」とのつれない返事。気もそぞろながら引き続き「螢雪時代」に向かっていました。

こうして六カ月が過ぎた頃です。とうとう待ちに待った合格の通知が届いたのです。赤鉛筆で真っ赤に書き込まれた「螢雪時代」とは、この瞬間、きれいさっぱりお別れです。高校三年生の私にとって、合格通知までの六カ月は、とてつもなく長い時間でしたから感

1953年に東宝撮影所の中庭で仲間たちと撮った記念写真。中央右端が筆者、中央左端が藤木悠、左下が岡田眞澄、左上が河内桃子、右上が足立玲子

慨もひとしおでした。応募者は三千五百人ほどだったと、あとから知りました。

村上での小学校時代に『奇しき泉』で演じた欲張りばあさん役に始まった芝居への目覚め、アルバイト続きの苦しい生活の中で観まくった映画の世界。まさか演じることがその後の私の人生の基調をなし生涯の仕事になるとは、このときはまだ思っていませんでした。中垣スタジオのおやじさんや豊島高校の演劇部の友人たち、東宝撮影所の守衛さんが背中を押してくれたおかげで図らずも踏み出せた、小さくも社会への大きな一歩でした。引揚者として異邦人のような想いを抱えて過ごした十代は、思いもよらない進路へ私を導きました。一九五三（昭和二十八）年、私は俳優としてのスタートラインに立ったのです。

筆が立つから、あわや総務部

半年がかりのオーディションを経て、一九五三（昭和二十八）年、東宝ニューフェイス第六期生として東宝に入りました。この年は、テレビ放送が開始した年でもあります。「ミスター平凡」の葉山良二は結局落ちて日活に行きました。「準ミスター平凡」だった佐原健二は東宝に入所しました。ところが、いざ研究所に行ってみるとそれまで一度も見たことのないメンバーがいました。

「失礼ですが、あなた方は？」と私は訝しげに聞きました。

「僕たちはニューフェイス第六期生です」

はて、こんな奴らいたかなと思っていると、「僕ら縁故で入りましたから、無試験でした」とぬけぬけと答えるではありませんか。

これが岡田眞澄、藤木悠、河内桃子でした。ですから、三千五百人の中からオーディションで合格した正規の六期生は佐原健二と足立玲子と私の三人です。私たち正規組は研究生で、縁故組の彼らは聴講生という立場でした。

さっそく研究所での訓練が始まりました。場所は撮影所の裏門側の建物の二階の部屋でした。「アイウエオ」の発声から始まって、滑舌の特訓の定番、歌舞伎十八番の一つ「外郎売」もやりました。外郎売の長ゼリフを暗唱するのですが、これが非常に難しい。役者もアナウンサーもみんなが辛酸を舐めるトレーニングです。間違えたらまた頭からやり直し。出来の悪いのは、「オープンセットのところに行ってやってこい！」と叱られて、私と同じくらい下手だった岡田眞澄の二人がその常習者。ちゃんとやらないとどこで見られているかわからないですから、大真面目に声を張り上げていました。

とはいえ、オープンセットには銀幕の中で観てきた有名な俳優たちが近くにいますから「おい、岡田。あそこに三船敏郎がいるぞ」とか、もう目に入るスターの姿に気もそぞろでした。発声、滑舌の訓練のほか、社交ダンス、クラシック、ジャズ、演技、演技理論、音楽、音楽理論、立ち回りの殺陣（たて）、日本舞踊……。錚々たる先生方から各分野の基礎の指導を受けることができたのはありがたかったですね。

そうこうするうちに、撮影所の所長に挨拶に行くからとお呼びがかかりました。「知っている俳優さんがいても、脇見しちゃだめだぞ」などと釘を刺されて、撮影所の中を姿勢を正し、列をなして歩きました。途中、有名な俳優さんたちの姿に出会います。囁（ささや）くような声で「おい、いるよ、いるよ。岡田茉莉子だよ」などと、こっそり脇見をしながら所長のもとへ向かいました。

雨宮恒之所長からは「ある映画の役に君たち新人の中から抜擢したいと思っている。今日はその面接だ」との話がありました。それは福澤諭吉の伝記映画『かくて自由の鐘は鳴る　福澤諭吉傳』という作品でした。主演は歌舞伎役者の尾上九朗右衛門、諭吉の妻役は原節子でしたが、のちに東静子に変更されました。

新人の役は増田宗太郎という大分中津藩の下級武士です。諭吉が江戸から帰って来たときに急進的な思想を持っていたので、斬り捨てようとする青年壮士の役です。「心して面接を受けるように」と念押しされて、一人ずつ順番に呼ばれました。

私の番になって部屋に入ると所長、監督以下ズラリと並んでいます。

「失礼します」

しばらくは通常の面接が続いたものの、意外な質問が飛び出しました。

「君は、この履歴書は自分で書いたのか」

いったい何のことかと思いました。当たり前ではないか。履歴書は自分で書くものだと親から教えられています。

「履歴書は自分で書くものじゃないんですか」

「それはそうなんだけど、これは君が自分で書いたのか」

「はい、履歴書は罫紙に筆で書くものです」

満州にいた頃、履歴書は楷書(かいしょ)できちっと書くものと、父から習っていました。

「総務部長、この子、筆が立つようだから総務部に入れますか」

まったく予想外の展開です。青年壮士・増田宗太郎を演じるための面接ではなかったのか。

「待ってください。それは、ちょっと……。俳優で採用されているので、そちらの方でやらせていただけませんか」

役の面接だというのにおかしなやりとりがされたものです。ところがそれが印象に残ったのでしょうか、研究所の訓練もまだ終わらないうちに私は宗太郎役に抜擢されたのです。

「宝田、お前に役がついたぞ」

「ほんとですか！」

「やったな、すごいな」と同期の仲間たちも喜んでくれました。

すぐにかつら合わせ、衣装合わせです。言われるがまま、あっちへ行き、こっちへ行き、次に宣伝ポスターの撮影もしました。

「そうか、ポスターに俺の名前が出るんだな」

少し冷静になると、ふとそんなことが頭をよぎりました。

セリフを全部覚え、いざ撮影開始です。

セットに入ってすぐに「東宝第六期生、新人の宝田明と申します。よろしくお願いします！」と、緊張しながらも大きな声で挨拶をしました。ところがいきなりの洗礼(せんれい)です。

「ばか野郎。コードの上に立つ奴があるか」

「すみません」

「どけよ、ほら」

何かのコードの上をまたいでいたのでしょう。

リハーサルが始まりました。すると今度は、照明スタッフからの罵声です。

「そんなところに立ってたら主役にライトが当たらねえだろう！」

もうどこに立っていいのかもわかりません。まるで軍隊のように怒鳴られっぱなしです。

右往左往しながら初めての撮影を終えましたが、ポスターに「宝田明（新人）」と書かれているのを見たときは嬉しくて、ポスターを十何枚ももらいました。同期の仲間と飲み歩いていた一膳飯屋や焼鳥屋、新宿の飲み屋などに持って行って、店に貼らせてもらいました。常連客たちにも「お、あんたやったねえ」なんて冷やかされて、本当に嬉しかった。まるで「天下をとったぞ！」というような気分でした。とはいえ、このときにはまだ、俳優で生きていこうという気持ちにはなっていませんでした。これ一本で終わりかもしれないという思いもありましたし、「先のことはわからない」ということをすでに学んでいましたから。両親にも誇らしげにポスターを見せました。父は「明、よかったな」と噛みしめるようにつぶやいて喜んでくれました。

ほどなくして、二本目の話が舞い込みました。当時はマネージャーなんていませんから、誰かが私を推薦して決めてくれたのでしょう。青春スターとして活躍されていた池部良さんが出演した『水着の花嫁』という作品で、池部さんの相手役は宝塚歌劇団の男役として活躍していた寿美花代さんでした。とっさにポスターの自分の名前の位置を思い浮かべ、今度は右から三番目に出るなと予想していたら、案の定三番目でした。

　オーディション合格から半年であっという間に二本の映画に出演です。研究所の訓練も終わっていない中での異例のスピードだったかもしれません。当然ですが、現場では叱られ、どやされ、ちょっと褒められる、そんな日々の連続でした。

　毎日叱られながら、一つひとつ自分で学んで覚えていくしかありません。現場では誰も助け船を出してくれません。ほかの出演者たちも「あの新人、やられてるな」という目で見ています。年齢が下の役者たちもみんな私より先輩です。彼らにしてみたらニューフェイスとして合格してからすぐに役がついた新人の私は目障りだったのでしょう。辛くもどかしい経験をしながら、二本目の作品の撮影もなんとか終えることができました。

ゴジラとの出会い

デビュー翌年、一九五四（昭和二十九）年、二十歳の私に思いがけない話が舞い込んできました。

「宝田、今度はおまえに主役をやらせてやる」

たった二作品に出演しただけのヒヨッコの私にとって、夢のようなビッグチャンスです。驚きながらも、このとき真っ先に頭に浮かんだのは、「今度はポスターのいちばん右端に名前が出るんだな」ということだったのですから、まったく能天気なものです。まさか、この映画が私の俳優人生の劇的なターニングポイントになるとは夢にも思わずに……。

所長の部屋に行くと、机の上に真っ赤な表紙に大きく黒々とした筆文字で〝ゴジラ〟と書かれた台本が置かれていました。その台本の色と文字の異様な迫力にただならぬ雰囲気を感じたことを今でも鮮明に覚えています。

所長はいつになく厳めしい表情で私にこう語りました。

「日本は昭和二十年に広島・長崎で原爆の被害に遭った。そして今年、第五福竜丸がビ

『ゴジラ』で主演を果たすものの主役はゴジラ!?　ゴジラと戯れる筆者と、『ゴジラ』で共演した河内桃子

キニ環礁で行われたアメリカの水爆実験で被爆した。世界に向けて核廃絶を宣言できるのは日本しかない。その想いを込めてこの映画をつくる」

「ゴジラって何ですか？」

「空想上の生き物だけれども、被爆した古生物なんだ」

「私がこのゴジラになるのでしょうか」

「おまえはゴジラの存在を追うサルベージ会社の青年役だ。共演は志村喬、同期生の河内桃子、一期上の平田明彦だ」

ベテランの志村喬さんと共演できるなんて夢のようです。ゴジラとはいったいどんな生き物なのか。その正体はよくわからないまま、撮影が始まりました。

特撮映画ならではの苦労

『ゴジラ』の監督である本多猪四郎さんは山本嘉次郎監督や成瀬巳喜男監督の下で修業され、黒澤明さん、谷口千吉さんとは同門ですが、長い軍隊生活を余儀なくされた遅咲きの監督でした。すでに『港へ来た男』や『太平洋の鷲』で知られていましたが、日本初の本格特撮映画を任されたのですから、大変なご苦労があったと思います。

特殊技術担当の円谷英二さんは、第二次世界大戦中に公開された『ハワイ・マレー沖海戦』で日本軍に爆撃される真珠湾と、そこで全滅するアメリカ太平洋艦隊を、ミニチュアを駆使して本物と見紛うばかりにつくり上げた人です。満州にいた子供の頃に、この映画を観て日本軍の活躍に大いに興奮した私は、そのシーンを実写だと信じていたくらいでした。

田中友幸プロデューサーからは、水爆や原爆をつくり出した文明社会への批判という映画の意図が伝えられました。私は未だ正体のわからない〝ゴジラ〟を前に「大変な映画に関わることになったぞ」とあらためて自覚し、真剣に取り組まなくてはいけないと気持ちを引き締めました。

撮影が始まると、特撮映画ならではの苦労がありました。特撮部分と本編との丁合を模索しながら撮影する難しさです。別々に撮影を進めるゴジラ本体の様子がわからないので、演者としての表現が難しい。ゴジラが正面を向いて吠えているのか横を向いているのか、バストショットかロングショットなのか……それによって、こちらの目線が違ってきます。ところが特撮部分の概要がまったくわからない。ゴジラがどんな位置にいて、動いているのか止まっているのかも不明です。困った私は本多監督に質問するのですが、監督も「うーん、そうだなあ」と、いつも頭を抱えていました。

私は本多監督を悩ませた張本人でした。アップの場合はリアクションも大きくなるし、ロングの場合はまた違ってくる。苦肉の策で両方撮って対応する場面もありました。そのうちに遅ればせながら円谷さんが描いた「絵コンテ」が届き、それを見てゴジラの向きなどを確認しながら、本編と特撮との丁合を手探りで模索しながら撮影が進められました。

ちなみに東宝は同じ年に、黒澤明監督の『七人の侍』を撮っていました。奇しくも後世に残る二大作品が生まれる年になるとは、東宝も考えてもいなかったことでしょう。黒澤組の『七人の侍』の撮影は一年がかりでした。役者たちも大変です。みんな泥水の中で喘いでいて、ブルブル震えながら撮影していた姿が思い出されます。

ゴジラの死に号泣

八月に撮入した本編は九月下旬に撮り終え、少し遅れて十月下旬に特撮班の撮影もクランクアップしました。

撮影所にあるダビングルームという小さな試写室でいよいよ『ゴジラ』の全貌に触れるときがやって来ました。六十人ほどの関係者のみでの初号試写です。狭い会場はいっぱいで、監督や私はいちばん後ろの席でした。伊福部（いふくべ）昭さんの作曲した重厚なテーマ曲がえもいわれぬ焦燥（しょうそう）感を煽（あお）り、ゴジラに鮮烈な印象を加えます。モノクロ画面ならではの迫力と音楽の効果でスクリーン上の世界に厚みが出る。核兵器によって海底から目覚めた古代生物ゴジラに襲われた東京は焦土（しょうど）と化し、終戦の年のアメリカ軍による東京大空襲の惨劇を彷彿（ほうふつ）とさせるシーンが展開します。防衛隊の攻撃をいとも簡単にはねのけたゴジラを食い止めたのは芹沢（せりざわ）博士がつくった最強の破壊兵器「オキシジェン・デストロイヤー」でした。戦争で右目を失った芹沢博士は戦争を憎んでいました。「オキシジェン・デストロイヤー」

は脅威の兵器でした。新たな兵器への転用を危惧した芹沢博士は「製法上の化学方程式は破棄できるが、自分の頭に残ったものは抹消することができない」と考えて、ゴジラと共に海の藻屑となる運命を選ぶ……。

観終わった私は、わんわん泣いてしまいました。心底、ゴジラの死に人間のエゴイズムを感じたからです。ゴジラは空想上の動物だけれども、古生物が水爆によって目覚めさせられ、東京湾に出現して人間に仕返しをする。それは、まさしく人間を戒める存在でした。それなのに破壊者として抹殺されるゴジラの運命がかわいそうで、かわいそうでたまらなかった。放射能を浴びた体から発する雄叫びも悲壮に聞こえました。泣いている私を見て、本多監督は「宝田君、どうしたんだ?」と聞きました。私は「ゴジラがかわいそうですよ、先生」と、そう答えることしかできませんでした。

世界を勇躍闊歩する〝ゴジラ〟

十一月三日、映画館で『ゴジラ』の上映が開始されると連日の満員御礼。どの劇場も通路まで人があふれました。一九五四（昭和二十九）年の日本の人口は約八千八百万人、そのうちの九百六十一万人、およそ十一パーセントの人が劇場に足を運んだのです。予想以上に観客が殺到し、舞台挨拶は中止になりました。

広島と長崎に原爆が投下された日本は世界で唯一の被爆国です。悲惨を極めた敗戦から九年後に再びアメリカの水爆実験によって日本の第五福竜丸が被爆。世界のどの国の人も味わったことのない核爆弾の脅威を身に沁みて思い知らされた日本人が、再び水爆実験の被害者となったのです。日本人は怒り心頭でした。ポスターには「水爆大怪獣映画」と大きく書かれていました。核開発競争に邁進する世界に鉄槌をふるいにゴジラがやって来た、よくやってくれた、人類に対する警告を発してくれたと、当時の日本人は拍手喝采を送ったのではないでしょうか。

東宝はその後、五十年間に二十八作のゴジラ映画をつくりました。私はそのうちの六作、最初と最後の作品『ゴジラ　FINAL WARS』にも出演していますから、生き証人みたいなものですね。

『ゴジラ』は、その後の東宝の海外進出の重要な布石ともなりました。この第一作『ゴジラ』が二年後、アメリカで『Godzilla,King of the Monsters!（怪獣王ゴジラ）』というタイトルで上映されました。アメリカ版は核実験反対を訴えるシーンはカットされ、レイモンド・バーという役者を入れてストーリーを変えて上映されました。まるでパッチワークのような、メッセージ性のない映画になっていました。『キング・コング』と同様、娯楽に徹した映画にされてしまったのです。それでもアメリカ人は日本の本格的な特撮映画の迫力に圧倒され、手に汗握って観ていたようです。

二〇一八（平成三十）年四月、『レディ・プレイヤー1』のジャパン・プレミアに登場したスティーヴン・スピルバーグ監督は、『ジュラシック・パーク』をつくった遠因は幼い頃に見た『怪獣王ゴジラ』にあると打ち明けました。スピルバーグ監督が幼少期に受けた衝撃が彼の映画づくりの根底にあるのでしょう。『レディ・プレイヤー1』にはメカゴジラを登場させ、オリジナルの『ゴジラ』の曲も使っているのです。

『ゴジラ』は現在でも世界中で上映され続けていますし、ハリウッドでは殿堂（でんどう）入りを果たしました。その波及効果は計り知れません。東宝のつくり上げた〝ゴジラ〟というブランドは世界を席巻（せっけん）し、世界的なヒーローとなったのです。

へこたれないぞ！

『ゴジラ』の出演料は当時としては、びっくりするような大きな金額でした。撮影所で封筒に入った現金の束を渡され、新聞紙にくるんで鞄に入れて持ち帰ったことを覚えていま
す。

ところがお金が入ってからが大変でした。まず、田中友幸プロデューサーが「車を譲ってあげるから免許を取れ」と言ってきました。「はい、わかりました」と車の免許取得にチャレンジするものの、二回落ちて三度目の正直でようやく取得。待ち構えていた田中プロデューサーから譲られたのはアメリカの高級車ダッジでした。「譲る」と言っていたのに、実際は買い取らされて、車代にゴジラの出演料の半分以上が消えました。まったく悪徳プロデューサーです。

ニューフェイスの同期生たちもハイエナのようにたかってきました。新宿だ、花園だと誘われるがままに飲み歩き、お金は湯水のように消えていきました。もちろん両親にも渡しました。父も母もずっと苦労の絶えない暮らしをしてきていましたからね、私の活躍を

喜んでくれました。

しかし、お金がたくさん入ったからといって精神性がガラリと変わるわけではありません。ただ、「頑張ればいいんだな、一生懸命やればいいんだな」と身に沁みて思いました。オーディションが怖くて会場入りさえ躊躇(ちゅうちょ)していた青年が、背中を押されて踏み出した一歩で新たな人生の扉を開けたかのようでした。

『ゴジラ』の翌年、一九五五（昭和三十）年に八作品、一九五六（昭和三十一）年には十三作品と、着々と出演本数が増えていきました。まだまだ新人でしたから共演者はみんな先輩です。礼儀正しくするよう努めました。そうした態度が「宝田は頭が低いし、礼儀正しい」という評価になり、だんだん仕事が増えていったのかもしれません。

しかし、夜の街では別です。もともと人懐こくて陽気な性格ですから、先輩方とも賑(にぎ)やかにずいぶん飲み歩きました。明け方四時、五時に家に帰ると、向こうから当時飼っていた白いスピッツが歩いて来る。奴も私と同じく朝帰りです。玄関のところでお互い気まずそうに顔を合わせ、こっちは我が家へ、奴は犬小屋へ。そんなこともありました。

一九五七（昭和三十二）年には最多の十五作品に出演し、司葉子と共演した『青い山脈』や『美貌の都』がヒット作となりました。

司葉子は年齢が同じでしたが、東宝では私の後輩です。彼女は一九五四（昭和二十九）年の『君死に給うことなかれ』で池部良さんとの共演でデビューしました。原爆をテーマにした映画で、顔が火傷でケロイドになったヒロイン役でした。司葉子は大阪の新日本放送（現・毎日放送）で社長秘書を務めていたときに、読売新聞が出版していた雑誌「家庭よみうり」の表紙を飾ったのがきっかけで、東宝にスカウトされたのです。鳥取県境港市出身のお嬢さんで、ご家族は映画の仕事に反対だったため、東宝のプロデューサーや池部良さんらが大阪まで何度も足を運んで、やっと口説き落として出演が決まったという経緯がありました。

彼女とは一九五五（昭和三十）年に『天下泰平』で初共演し、同年公開の『雪の炎』でも共演。一九五七（昭和三十二）年公開の『美貌の都』では恋人同士で主演しました。『美貌の都』は私にとって初主演のメロドラマで、主題歌も歌いました。歌が好きな私はニューフェイスになってからも同期の藤木悠や岡田眞澄と飲みに行くと、よく歌わされていました。映画出演が増えると全国各地に舞台挨拶に行くようになるのですが、キャリアのない新人の私は壇上で話すことがあまりないので、歌を歌わせてもらうようになりました。ジャズでも歌謡曲でも何でも歌いました。それが目についたのでしょうか、映画の主題歌の話がプロデューサーから持ち上がりました。西條八十(やそ)作詞・上原げんと作曲の「美貌の都」です。映画も主題歌もヒットしました。今でも歌手印税が入ってきます。当時三円が相場だったのですが、私は五円でした。越路吹雪さんでも三円でしたから破格の扱いでした。今でも毎年いくらか印税が入って来ますから、どこかで歌われているのでしょう。

こうして青春ものに次々と抜擢されて主演するようになると、それまで私を鼻であしらっていた先輩たちの態度もガラリと変わってきました。一目置いて相手にしてくれる先輩もいましたが、台頭してきた私の存在が疎(うと)ましい先輩もいました。自分のポジションを脅(おびや)かす新たなライバルに思えたのかもしれません。

そんな先輩からは村八分(むらはちぶ)にされていた時期もありました。

「ひがんでるんだな。でも、こっちはソ連兵に撃たれて、バッタを食って生き延びてきたんだ。ちょっとやそっとのことではへこたれないぞ」と自らを勇気づけ、そして鼓舞して耐え忍びました。

そんな私を励ましてくれたのは撮影所の前にあった「マコト」というレストランのママでした。

「宝田さん、あなた辛いでしょう、のけ者にされて。でも頑張りなさい。それを乗り越えるのがスターになる道なのよ」

　そのときのことは今でも鮮明に覚えています。「辛いです」とは言えず、平気な顔を装っていましたが、ありがたかったですね。骨身に沁みて勇気づけられた言葉でした。心の中にはいつも引き揚げのときの記憶がありますからね、私の中の反骨精神が虚勢を張ってでも「大丈夫です」と答えさせました。とはいえ、心が折れそうになっていたのも事実で「嫌だな、こんな世界」とも思いました。しかし、そんな時期はすぐに過ぎてしまいました。あっという間に東宝の青春映画の看板スターになりましたからね。

東宝の青春映画の看板スターに

　それから十年ほどは主演映画も含め、メロドラマだけでなくシリアスなものからコメディまで、毎年十作品前後に出演し、さまざまな監督や役者さんから教えられ、支えられながら映画界で一歩ずつキャリアを積んでいきました。

第六幕

人生はちょっぴり不幸な方がいい

東宝の三枚看板

デビュー三作目にして『ゴジラ』の誕生に立ち会った私は、この作品をきっかけに出演作が着々と増えていきました。与えられたハードルを一つずつクリアできたということかもしれません。特撮映画、メロドラマ、コメディからシリアスものまで、年間十本前後の映画に出演するようになっていました。

父も母もこうした私の活躍を喜んでくれました。満州から引き揚げて来てからずっと、一家で耐え忍ぶ暮らしをしてきましたから。

思い返せばオーディション会場に入ることにも恐怖を感じるほど気後れしていた青年が、いざ飛び込んでみた世界で、もがきながらも目の前に差し出された課題を一つずつ乗り越えていくうちに、大きく変貌していったように思います。人間の運命は、ある意味では表裏一体、あのとき別の選択をしていたら、あの人に出会わなかったら……と、どれもが一期一会の大切な出会いと出来事であったと気づかされます。

辛いとき、悲しいとき、躓いたとき、必ずそれを乗り越えさせてくれる人の存在がありました。引き揚げの荷物を持って乗った大阪の電車で、むごい罵声を浴びた私たちにやさしい言葉をかけてくれたおばさん、「ご苦労さんでしたな」と引き揚げの苦労を労って柿を差し出してくれたおばちゃん、「大陸」とあだ名され、塞ぎがちだった私を劇の主役に抜擢してくれた村上本町小学校の先生、東宝ニューフェイスの応募を勧めてくれた中垣のおやじさん、オーディション会場へ入るよう背中を押してくれた東宝撮影所の守衛さん、先輩俳優らの村八分に苦悩する新人の私を慰めてくれた食堂「マコト」のママ……。

　思えば、辛いことがない人生などありません。人間は幸福だ、幸せだと自覚のないままその境遇に甘んじる人生よりも、ちょっぴり不幸な人生の方がいいのではないでしょうか。その方がモノの見方に深みが出て、いろいろな勉強ができるのではないか。戦争体験や引き揚げ後の苦しい生活を経て、役者という仕事をするようになってみて、二十代の頃は無我夢中でよくわかりませんでしたが、今はそう感じています。

　私は清貧——貧しくとも清く正しいという世界を知っていました。士族の末裔としての矜持を持っていた父の教えの影響もあるかもしれません。「武士は食わねど高楊枝」ではないですが、人として立派であれ、貧しくとも清くあれという心得が幼い頃から身についていたように思います。刹那的な幸せに埋没し、生ぬるい環境の中で太りに太った人生よりも、痩せ細りながらも耐え忍び、潔く誠実に生きるほうが人生を見つめられるのではないでしょうか。

もちろん、人間は誰でも幸せになりたいものです。辛い過去を振り返って、悔やんだり恨んだりしてみても、やり直すことはできません。しかし、その経験を活かすことはできる。そう考えたなら、「ちょっぴり不幸な方が豊かな人生なんだ」と思えるようになったのです。

一九六〇年代前後の東宝は、森繁久彌さんの『社長』シリーズや『駅前』シリーズ、『用心棒』や『赤ひげ』などの三船（敏郎）ちゃんの主演作、あとは私のメロドラマという作品群が三枚看板でした。与えられる役を一生懸命に演じ、気づいたらそういう立場になっていました。自分からそうなりたいと願ったわけではありません。プロデューサーたちが私をそのようなポジションへと引き上げてくれたのでした。

三枚看板となった私たちは奇しくも引揚者でした。一九一三（大正二）年生まれの森繁さんは私より二十一歳上で、三船ちゃんは一九二〇（大正九）年生まれの十四歳上です。年齢は異なりますが、お互い映画人になるまでの苦労は察しがつきますし、やはり大陸で暮らした経験のせいでしょうか、二人にはどこかスケールが大きく型破りなところがありました。三船敏郎さんとは年下の私が「三船ちゃん」と呼ぶほど昵懇の仲でしたし、森繁さんにはとにかく可愛がられました。引揚者同士、時には中国語で何気ない会話を楽しむこともありましたね。

二人からは「お前は羨ましいな、きれいな女優と共演できて」とからかわれましたが、これればかりは仕方ない、私のせいではありません。会社が我々に三者三様の役割を与えたのですから。三船ちゃんの出演する黒澤組は、年に一本か多くて二本の撮影でしたが、森繁さんや私は年に四本から五本、あるいはそれ以上を撮っていました。私は月に二本かけ持ちするときもあったのですから、目まぐるしく働いたものです。

当時は映画が最盛期で、華やかな時代を迎えていました。東宝の看板俳優と目されるようになると、「銀座あたりにもよく飲みに行っているようだが、将来のことも考えて、これには気をつけろよ」と、藤本眞澄プロデューサーに小指を立てて忠告されました。「結婚は、まだするな」とも言われましたね。二枚目俳優として主にメロドラマの出演が多かったので、結婚して人気が落ちると会社としても困るということだったのでしょう。

撮影所で居場所もわからずオロオロしていた私も十年近く仕事を続けてきて、この頃には自分に対する期待と信頼を自覚し、責任感も芽生えていました。たくさんの俳優さん、監督さんと作品をつくり上げる中での経験が、吹けば倒れるような「俳優・宝田明」という若木を、少しずつ成長させてくれました。六十五年以上経た今では、それなりの大木になってきたかと思います。

役者に大切な「人間観察」

一九五〇年代から一九六〇年代は日本の社会が少しずつ豊かになってきた時代であり、日本映画は一九五〇年代に黄金期を迎えます。政治も経済も急成長の右肩上がりでした。そのような変革の時代にどんな役が来るかわかりません。銀行員をやれといわれたらやらなければならない。そのときに銀行員のことを何も知らないというわけにいきませんから、どんな役が来てもいいように、とにかく社会を広く勉強するように心がけました。

時には一日に二本、午前と午後で別の作品を撮ることもあった時代です。当然、ありとあらゆるテーマや職業の作品が生まれ、さまざまな役に挑むことになります。常に世の中の動きに注意を払い、職業分類的にも広がりゆく業種に目を配っておかなくてはなりません。たとえば五十年前ではスチュワーデス、今でいうキャビンアテンダントは新しい職業でした。そんな時代に役者がぼんやりしていてはだめです。文化、政治、芸術……暇があったら何でも確認しておかなくちゃいけない。それもなるべく本物に触れることが大切です。

美術館へ行ったときに、こんな経験をしたことはありませんか。絵画でも彫刻でもいいのですが、本物の存在感に圧倒されて「はあーっ」と言葉にならない感動を覚えたという経験を。我々は作者には会えないわけですから、目の前の作品を通じてその時代、作者の想い、メッセージを考えます。作品に感銘して金縛りにあったようになる、そんな瞬間が必ずあるのです。

私は、レンブラント・ファン・レインの「夜警」という作品に描かれた、ぎょろっとした目をした人物の横顔を観たときに金縛りにあいました。今でも観るたびに衝撃を受けます。十七世紀のオランダに生きたレンブラントに会うことは不可能です。しかし、この作品に惹きつけられたとき、レンブラントはこの絵でいったい私に何を伝えようとしているんだろうと心を奪われて、しばし立ち尽くしました。その瞬間は、時空を超えて魂が呼応したとでもいいましょうか。まわりの世界が消え去り、その絵との対話に真実の世界が凝縮されたかのようでした。

役者は広く目を開いて世界を観察するということで、与えられた役に対処するしかありません。寿司職人の役だからといって、いきなりお寿司は握れませんし、役が来てから修業をするような時間は到底ありません。けれど寿司屋に食べに行ったときに、カウンター越しに職人の目配り、身支度（みじたく）、手つき、体の使い方、口調を垣間見ることはできます。目の前に本物がいるわけです。ただぼんやりと「おいしい」と舌鼓（したつづみ）を打って満足しているだけでなく、役者だったらそこにある十のうち二つぐらいは盗むぞという目が必要なのです。「ああ、こうやっているのか、あそこは盗んでおこう」と思いながら見るのです。

芸というのは盗むことです。決して自分から編（あ）み出すものではない。芸を盗むという行為は悪いことではありません。役者とは伝統的にそうしてきたのです。本物をしっかり見て、それを叩き台にして自分なりの役をつくっていく。その蓄積を記憶の抽斗（ひきだし）から取り出して、あらゆる役を演じるのです。演技がうまいとかうまくないとかいうのは、その差なのだと思います。つまり、うまい役者というのはいかに人間観察をしているかに尽きる。

残念ながら、書店に行っても演技の参考書は売っていません。ところが参考になる人間は街中のいたるところに存在しているのです。それを見ているかどうかです。今日という日に十の発見があったら、その中の一つか二つの要素を記憶の抽斗にしまっておく。もちろん忘れる部分もありますから、次から次へと入れていく。記憶の抽斗がいっぱいになってあふれることなどありません。どんどん忘れていきますから。毎日、貪欲にどんな小さなことでも入れていけばいい。それが演技上達の極意です。いい映画もたくさん観て、あのときのあの表情、あの背中、あの体の向きが良かったなあ……というふうに記憶する。日頃からいいものを見る目を養っておく。自分の感性の土壌をやわらかく耕しておいて、土が水を吸い込むように見たものを吸収していくことが大事なのです。

本物を見ることは何にも勝ります。私は中国へ行ったら国立故宮博物院へ立ち寄って、白磁や青磁を観ます。時代による変遷や、その繊細な細工や文様には目を瞠るものがあります。

佐賀県の有田焼、鍋島焼、伊万里焼の陶工は中途半端な作品は自らの手で叩き割り、世に出しませんでした。作者の厳しい目によって淘汰され、選ばれたいいものだけが世に出され、その真価を自ら問うのです。そこには徹底した捨てる勇気があります。無名だった初代柿右衛門が一生懸命に轆轤を回して、ひたすら作品をつくっている姿を想像してみてください。納得がいかなければ壊す。それを繰り返して世に出された作品は我々に何かを語りかけてくるようです。今のように情報社会ではない時代では、誰がどこでその作品を目にし、認めるかわかりません。それでもひたすらつくり続ける。後世、美術館や博物館に展示されようとは本人は思ってもいなかったことでしょう。おそらく、「とにかくいいものをつくるんだ」という一心だったはずです。

画家もそうです。上から塗り直す勇気がある。違うと思ったら躊躇なく重ねて描く。レオナルド・ダ・ヴィンチの「モナ・リザ」もそうですね。陶器は割る、画家は塗り重ねていく。とにかく自分の納得したものしか世に出さない。

作者の心意気が伝わるから人の心を打つのです。画家も陶芸家も作品を通じて観る人に訴えかけます。作者の姿はありません。作品が間接的に作者の想いや情熱を伝える。観る人は作品を通して作者を偲ぶのです。

ところが我々俳優は、この体自体が作品ですから、いわば自分のアイデンティティをさらけ出さなければならない。観ている人に感動を伝えるのは、この体なのです。芝居が薄っぺらに見えるとしたら、それは人生経験が少ないからです。人生を振り返ることをしないからとも言い換えられるかもしれません。その演者のちょっぴりの苦労や不幸が、与えられた役柄の人生の背景を想像することにつながります。過去の不幸を嘆いてばかりいても、何も発展性はありません。役者はそれをスパイスにすることで演技が芸術品として昇華され、観る人に感動を与えるのだと思います。

分教場の先生なんてクソくらえだ！

芝居をするにあたって、礼儀というか行儀というものがあると私は思っています。とにかく新人のときは何もかも学ぶしかありません。撮影中、私は決して現場を離れませんでした。先輩がいますからね。先輩を観察して学ばせてもらえるのですから、現場を離れるなんて惜しくてできません。一旦現場に入ったら自分の出番以外も離れることなく、じっとすべての動きを観察していました。それは今でも変わりません。現場には学ぶこと、気づくことが必ずあります。この姿勢は私の芝居に対する礼儀でもあるのです。

一九五〇年代から一九六〇年代の映画界には芝居に厳しい監督さんもいました。役者はそれに応えるため必死に勉強しました。製作現場には私を含め森繁さんや三船ちゃんのような引揚者もいれば、戦地から帰還したプロデューサーや監督、役者もいました。世の中には、占領下の敗北感と戦後の開放感が入り混じっていました。人々が荒れすさんだ心を内包しながら生活を立て直し始めていた頃です。映画人も、それぞれの立場から戦争を生き延びたことに対する想いを胸に、真摯（しんし）に映画づくりに向き合っていました。だからこそ、わずか戦後九年で、被爆国として非戦を訴えた『ゴジラ』を世に送り出すことができたのです。『ゴジラ』ばかりではありません。たとえば小津安二郎監督の作品は非戦を声高に語りはしないけれど、戦争で受けた痛みと教訓が根底に流れています。映画を製作する人間たちに、いわば〝清貧の精神〟があったと思います。

高校卒業と同時に映画界に入った私は、この世界で社会を学びました。私を育ててくれた東宝のプロデューサー、監督、先輩俳優から仕事も遊びも、世の中の厳しさも教えてもらいました。ありがたいことにたくさんの師匠に恵まれました。叱られ、考えさせられ、もがき苦しんで、仕事に向かう姿勢を次第に身につけたのです。

感情をどう表現するか。たとえば〝怒り〟は怒鳴ったり、わめきたてたりして表現するものではありません。それはもっとも下品な方法です。自分の抽斗に入れた一つひとつの言葉や仕草などを組み合わせて人物像や設定に合わせてアレンジする。そうやって〝怒り〟を炙り出すことが肝心なのです。

芝居の厳しさを学んだ二つのエピソードがあります。一つは一九六二(昭和三十七)年、私が二十八歳のときの経験です。高峰秀子さん主演の『放浪記』に、私は高峰さんが演じる林芙美子の三人目の夫・福地貢役で出演しました。同じ物書きである芙美子と貢の壮絶な葛藤が描かれていました。藤本眞澄プロデューサーからは「この芝居で君の真価が問われるから気合を入れてやれ」と活を入れられました。それまでのメロドラマの二枚目役にはない、初めてのいわば汚れ役への挑戦でした。

　監督の成瀬巳喜男さんは、誇張を排した静かな画面に不運な人々のやるせない姿を味わい深く描くことで定評のある人でした。一九五九(昭和三十二)年公開の『コタンの口笛』に出演して以来、『放浪記』は私にとって五本目の成瀬作品でした。高峰さんとは何作か共演していて私を「おタカさん」と呼ぶほど懇意でしたし、成瀬監督は私の芝居をいつも「いいよ、いいよ」と笑顔で褒めてくれていました。

　林芙美子役の高峰さんは、ピンと張りつめた面持ちで撮影に臨んでいましたが、成瀬さんに可愛がられていた私は、監督の台本を覗いてみたりして、現場でものびのびとしていました。高峰さんに「おタカさん、あんた背が高いんだから監督の後ろへ行って、台本のカット割り見て来てよ」とこっそり頼まれたこともありました。私は「わかりました」と引き受けて、そっと監督の後ろに行きましたが、気配を感じた成瀬さんはパッと台本を閉じてしまう。

　成瀬さんの演出は、台本のセリフを削れるだけ削って、その行間を数カットの芝居で埋

役者として新境地を開拓した『放浪記』。高峰秀子（左）と共演　

めていくというやり方です。撮影現場でセリフを変えたり加えたりもしません。ですから出演者は監督の持っている台本がとても気になるわけです。そんな出演者の思いを知ってか知らずか、無口な成瀬監督は黙って台本を閉じてしまうのですから、「意地悪じいさんだなあ」と私は駄々っ子のように言ったりしていました。

そんな私が、この『放浪記』で初めて死ぬような演技上の苦労をしたのです。それは芙美子と貢が同棲している家の中のサイレントカットでした。一言もセリフのない二人きりのシーンです。芙美子がようやく文筆家として世に出始めて、原稿料を手にして帰って来る。そのお金で買ったおかずを「あなた、これで夕食にしましょうね」と座敷に上がり、卓袱台にポンと置く。貢がそんな芙美子の顔を無言で見るシーンです。

朝九時にセット入りし、撮影は順調に進み、そのシーンの撮影が始まりました。高峰さんが座敷に上がってきて、私が無言で振り返ります。

「宝田君、違うよ」

「えっ？」

「宝田君、違うよ。もう一回」

「はい。わかりました」

成瀬監督が私の演技にNGを出したのです。お調子者の私は何もわかってないのですが、とりあえず「わかりました」と返事をして再びそのシーンにトライしました。

「宝田君、違うよ」

いつものように「いいよ、いいよ」でOKになると思っていたものが、「違うよ」が何回も続く。高峰さんはそのたびに土間から座敷へ上がったり下りたりしています。そうこうしているうちにお昼を告げるサイレンが鳴りました。

いつも私にあんなにやさしかった成瀬監督が「何でだろう」と不思議でなりません。すでに妻の出版記念会で貢が話す祝いの長ゼリフを私は一発ＯＫで撮り終えていて、「宝田君、よかったよ」と言われていたのに。もう難しいセリフもないのに、なぜ？

午後も一時から五時まで、そのシーンの撮影が続きました。何度やっても「違う」。そのうちにライトが一つになりました。静まり返ったセットの畳の上に照明さんの汗がポタリポタリと落ちてきます。長時間になり、セットの上でふて寝しているのです。息詰まるような陰険な雰囲気が重くのしかかってきました。セリフが長くて間違えたのならわかるのですが、無言で振り返るだけです。何が「違う」のかわからない。とうとう夕方五時のサイレンが鳴り、成瀬監督の声が撮影現場に響きました。

「はい、ここまで。続きは明日」

毎朝九時に姿を現し、夕方五時前にはきちんと終わるのが成瀬監督の現場でした。どうしてＯＫが出ないのか皆目見当（かいもく）がつきません。すでに私の出演部分の撮影も三分の二以上が終わっていました。どうしてこのシーンが「違う」のだろう。

翌日も朝九時から撮影が始まりました。「じゃあ、始めようか」と一応ライトをつけてくれたものの、成瀬監督の口をついて出るのは昨日と変わらず「違うよ」の一言だけ。やがてまた、ライトが消されてしまいました。

どこが違うのか誰も教えてくれません。お昼を告げるサイレンの前に何とかしたいと焦(あせ)った私は、高峰さんにお願いしました。

「すみません、高峰さん、どこがだめなんでしょうか。教えていただけませんか」

「おタカさん、私わかっているけどね、もったいなくて教えてやんないよ」

高峰秀子さんといったら、木下恵介監督の『二十四の瞳』で分教場(ぶんきょうじょう)のやさしい大石先生を演じた人です。私はあの映画を観てどれほど泣いたかわかりません。それなのに、あのやさしい大石先生が、なんてむごいことを言うのだろうと、私はとっさに腹が立ちました。もう、ムカムカして「分教場の先生なんてクソくらえだ！」と心の中で激しく罵倒(ばとう)しました。

こんなに苦しんでいるのに、なんてひどい人なんだという怒りを抱えたまま、もうどうにでもなれとヤケになって成瀬監督に頼みました。

「監督、一回だけライトをつけてやっていただけませんか」

パチッ、パチッと音を響かせてライトが灯されました。

「よーい、スタート！」

高峰さんが土間から上がってセリフを言って、おかずを卓袱台に置く。私は原稿を書く手を止めて、ふっと高峰さんの顔を見ました。

「はい、カット。それでOK」

どこがどう違うのかわからない。未だにわかりません。おそらく、亭主の俺より先に原稿が売れた、そのお給金でおかずを買ってきた妻に対する文士の、昭和の男のプライドが許さなかったのでしょう。

さらに「この高峰秀子め！」という個人的な憎しみの感情が目に湛えられ、文士の卑屈さが表現されたのではないかと思います。「『二十四の瞳』を観て、涙が枯れるほど泣いたのに、なんてひどい人だ」という思いが、そうさせたのです。

あのときのことは成瀬監督にも、高峰さんにも聞く機会はありませんでした。映画が完成すると、淀川長治さんや小森和子さんといった映画評論家たちから私の福地貢は絶賛されました。俳優として大きなハードルをまた一つ、超えることができたといえるでしょう。

高峰さんとは翌年、『女の歴史』でも共演しましたが、それが最後でした。

ところが今から二十五年ほど前のある日、高峰さんから七冊目の随筆集「忍ばずの女」の出版にあたってお電話をいただきました。何でもその中で「『放浪記』後日譚」として、このときのエピソードを書いたから読んでほしいという知らせでした。私は電話の向こうの高峰さんに、当時の気持ちを正直に伝えました。

「あのとき、高峰さんをぶん殴ろうと思いました。ぶん殴って、こんな意地悪な世界から足を洗ってやるって」

「そうだったの。あたしね、生意気な女優で通ってたからね。そう思ったでしょ。生意気な女優だって」

「でも、あの経験がなかったら僕は役者を続けていけなかったと思います。人に聞かないで自分で這(は)い上がるようなつもりでやって、はじめて自分のものになる。高峰さんは僕がどうしたらいいかわかっていたけど、自分で這い上がれと、そう言いたかったのでしょう」

「そうよ、よくわかってくれたわね。ありがとう」

電話の向こうからしんとした気配が伝わってきました。高峰さんは泣いているようでした。

先輩と監督が悪者になることを引き受けて、一人の役者の成長を待ってくれたのです。ただ無言で振り返るだけのシーンの撮影に一日半も費やすなんて容易なことではありません。すごい方たちのいる世界でした。今、お金を出してもそんな経験は買えないでしょう。芝居に対する礼儀と作品を世に問う覚悟のある人たちでした。厳しさとやさしさがある、そういう現場で映画はつくられていたのです。

志村喬さんの「赤とんぼ」

芝居の厳しさを学んだ、もう一つの忘れられないエピソードは、黒澤明監督と志村喬（たかし）さんの壮絶なやりとりです。

長年、脇役として主に悪役や敵役を演じることが多かった志村さんは、黒澤監督のもと一九四八（昭和二十三）年の『酔いどれ天使』で三船ちゃんと共に主演に抜擢され、以降は主役として黒澤映画を支える役者となりました。

黒澤作品は長丁場です。俳優は撮影の続く半年とか一年、みっちりと絞られる。私は黒澤監督の作品には一つも出演していないのに、どういうわけか可愛がられ、黒澤さんのゴルフコンペの幹事をよくやっていました。事前にゴルフ場へ行って、黒澤さんの好物のカツ丼をお昼に特別に用意するとか、そういう手配もしましたね。

私が黒澤作品に出演しなかったのは、私が田中友幸、藤本眞澄両プロデューサーの作品の役者で、そちらの撮影が忙しかったためです。当時の東宝は私の出演作のように年間十本前後製作するものと、一方で黒澤映画のように半年、一年という時間をかけて製作する作品がありました。私が一年に一本ペースの撮影に拘束されたら、稼ぐ俳優を遊ばせるようなものですから、黒澤作品とは縁がなかったわけです。

黒澤監督から「勉強しに撮影を見に来いよ」と声をかけられて何度かセットにお邪魔したものです。行ってみると、役者たちが絞られている現場は凄まじいものでした。

『七人の侍』の現場を見に行ったときのことです。志村さん演じる七人の侍を率いる勘兵衛が百姓たちのために野武士と戦ってやろうと、月明かりの下、馬小屋で馬の鼻を撫でながら意を決するシーンの撮影をしていました。聞けばリハーサルはすでに三日目だとのこと。セリフは一言もない二十秒ほどのシーンです。その日もついにＯＫが出ませんでした。

七日目に見に行ったら、まだそのシーンをやっている。黒澤監督が志村さんに問いかけました。

「志村さん、あんた、何年芝居をやってますか？」

「は、かれこれ二十五年です」

「何の歌を知ってますか？」

「は？」

「何の歌を知ってますか？」

「『赤とんぼ』なら……」

「志村さん、悪いですけど、出演料はどのくらいもらってますか？」

もう、聞いていられません。居たたまれない。大勢のスタッフがいる中で、黒澤監督はたった一人にそんな言葉をぶつける。『酔いどれ天使』『羅生門』『生きる』など何本も名作を撮ってきた仲なのに、と愕然としました。

「ライト、消して早飯！　志村さん、そこで『赤とんぼ』を歌っていてください」

黒澤監督の一言に俳優もスタッフもみんな引き揚げていきました。私はその場を動けませんでした。暗くなったセットで一人、志村さんはあの朴訥とした声色で「♪夕焼け小焼けの赤とんぼ……」と延々と歌っていました。黒澤明監督とは「心底、芝居に厳しい人なんだな」と恐ろしいほどに感じましたね。人間の苦悩や生きる意味を、深く本性から描き出すには、役者の極限の芝居が必要だったのでしょう。

成瀬巳喜男監督と高峰秀子さん、黒澤明監督と志村喬さん。撮影現場で経験した、この二つの出来事は生涯忘れることはないでしょう。〝厳しさ〟とは何かということを今も自問自答し続けています。

第七章
日本映画黄金期の光と陰

私を育ててくれたプロデューサーたち

映画とは、多くの人の力が集結して一つの作品をつくり上げるものです。俳優や監督が力を発揮できる現場を準備する裏方スタッフ、撮影スタッフ、編集スタッフ、宣伝スタッフ……そして、それらすべてを取り計らう存在としてプロデューサーがいます。青年の私を社会人として育ててくれたのは、まさにプロデューサーたちでした。特にお世話になったのは、田中友幸、藤本眞澄（さねずみ）両プロデューサーです。

デビュー半年足らずの私を『ゴジラ』の主演に抜擢してくれた田中友幸プロデューサーは、その後も東宝の特撮映画を数多くプロデュースしました。『ゴジラ』で得た報酬の大半が、田中プロデューサーから譲られた車代に消えてしまったことも若き日の懐かしい思い出です。田中プロデューサーは私の性格も見抜いていたのでしょう。ラブコメディの主演作もたくさん企画してくれました。一九六五（昭和四十）年の『１００発１００中』は福田純監督の撮った犯罪アクションですが、コミカルな作品で、私の陽気な気質をうまく引き出してくれました。日系フランス人という役どころも評判がよく、続編もつくられました。

田中プロデューサーは一九九七（平成九）年に亡くなられましたが、世界中で知られることになった『ゴジラ』シリーズでは、一九九八（平成十）年に公開されたハリウッド映画『GODZILLA』で、クレジットの最後に「in memory of TOMOYUKI TANAKA」（田中友幸を偲んで）とありました。スクリーンにこの一文が映し出されたとき、私は涙を堪えきれませんでした。世界のヒーローとなったゴジラの生みの親としての功績がハリウッドでも讃えられたのです。

田中プロデューサーと並んで東宝の黄金期を築いたのは、藤本眞澄プロデューサーです。一九四九（昭和二十四）年に今井正監督の『青い山脈』に主題歌を入れるべきだと主張し、映画、主題歌共に大いにヒットさせた人物です。その『青い山脈』のリバイバルにデビュー三年目の私がキャスティングされました。その後も『美貌の都』など藤本プロデューサーの作品の出演が続きました。私が歌った『美貌の都』の主題歌が大好きで、銀座のクラブなどでもよく歌わされましたね。そんな席で松竹の木下恵介監督らに会うと「うちの宝田だ、よろしく」と紹介してくれたものです。香港の女優、尤敏との共演作など意欲的な作品に私を抜擢してくれた恩人の一人です。私はこの人に見い出されて、育てられたといえるでしょう。

東宝の専務だった菊田一夫さんもかけがえのない恩人です。藤本眞澄さんは映画担当で、菊田一夫さんが演劇担当でした。菊田さんは、劇作家として戦前から活躍していた人ですが、一九六三（昭和三十八）年、ミュージカル『マイ・フェア・レディ』の上演権を獲得し、日本で初めてブロードウェイ・ミュージカルを上演しました。一九六六（昭和四十一）年からの『マイ・フェア・レディ』で私は何回もヒギンズ役を演じています。

菊田さんは一九六六年に『風と共に去りぬ』を世界で初めて舞台化した人でもあります。まさに日本のミュージカルの礎（いしずえ）を築いた人といえるでしょう。その菊田さんが私にミュージカルの世界への扉を開いてくれたのです。

千葉泰樹監督と『香港』シリーズ

千葉泰樹（やすき）監督は、私にとって映画界における父親のような存在の人です。常識人だし、品格もあり、物知りでジェントルマンでした。千葉さんとは役者としていい仕事をさせてもらいました。

一九一〇（明治四十三）年生まれの千葉監督は、一九三〇年代から小さなプロダクションを渡り歩き、占領下も映画会社を転々として、一九五六（昭和三十一）年に東宝専属の監督になりました。一九四〇（昭和十五）年には『煉瓦女工』という東京のスラム街の人々の貧困を詩的に描いた作品をつくりましたが、一九三九（昭和十四）年施行の映画法での政府統制下においては上映禁止になっています。英語が堪能でありながら、日本的な職人気質にもあふれていて、情味のある作品をつくる監督さんでした。一九六一（昭和三十六）年に千葉監督が撮った『二人の息子』は、私が加山雄三と共演した兄弟の物語でした。当時の平均的なある家庭の日常を描きながら、本当の幸せとは何かを問う味わい深い作品でした。

千葉監督と組んだ作品で印象に残っているのは、『香港』シリーズです。昭和三十年代、海外進出に意欲的だった東宝は、東宝の重役でもあった東和映画の川喜多長政社長と藤本眞澄プロデューサーが第二の山口淑子をつくりたいと考えていました。山口淑子は戦前から中国、満州、日本で「李香蘭」の名前で一世を風靡したスター女優です。

川喜多さんは語学が堪能で、特に中国語は中国人も驚くほど流暢で、フランス語も達者でした。戦前の満洲映画協会（満映）時代から始まって、戦中は李香蘭の映画をつくっ

香港の人気女優、尤敏(右から3人目)と会食。中央が筆者。右端が千葉泰樹監督、その隣が脚本家の松山善三

た人としても知られています。

東和映画は外国映画の輸入配給業をしていました。そこで「宝田明は中国語が得意なようだから、宝田と香港の人気女優、尤敏の共演で香港映画をつくろう」という話になったのでしょう。藤本プロデューサーから出演の話がきました。

尤敏は美しく利発な人でした。彼女との共演で一九六一(昭和三十六)年に『香港の夜』、一九六二(昭和三十七)年に『香港の星』、一九六三(昭和三十八)年に『ホノルル・香港・東京』と三作のラブロマンスが製作されました。主題歌は私と尤敏が一曲ずつ歌いました。このシリーズは、香港をはじめとして、東南アジア各地、ハワイやアメリカ及び南アメリカの在留邦人の間でも好評だったようです。

東京で撮影していたときには、撮影後、仕事を終えた尤敏がホテルの部屋で一人になってしまうので、一緒にラーメンを食べに行ったりして、寂しくないように連れ出したものです。異国の地で撮影所とホテルの往復だけでは、いつまでたっても借りてきた猫のようで打ち解けられません。プライベートで交流し、意思の疎通を計れば、撮影にも好影響を及ぼします。私は会話には困らないくらいに中国語を話せますから、コミュニケーションはもっぱら中国語でした。冗談を言い合ったりして彼女もホッとしたのでしょう、嬉しそうでしたね。

ちなみに千葉監督の『香港』シリーズ出演後、単独で香港映画『最長的一夜』、日本・台湾合作『香港の白い薔薇』、台湾映画『愛你入骨』と、中国語圏の映画にも出演しました。

中国語で宝田明は「ポウティィエンミン」と読むのですが、香港での撮影時は繁華街へ出ると、あちこちから声をかけられたものです。これら一連の作品はコスモポリタンに育ったおかげで経験できた仕事であり、海外で映画づくりに携われた幸運な思い出です。

川島雄三と石原慎太郎

川島雄三監督は一九五七年公開の日活映画『幕末太陽傳』で一躍その才能を世に知らしめた人です。フランキー堺さんを主役に幕末の品川遊郭を舞台にした喜劇で、高杉晋作役の石原裕次郎らを共演に武士と町人の意地の張り合いを描いた秀作です。松竹大船撮影所でメロドラマや喜劇を撮り続けてきたあと、日活に移ってから見違えるような才気を発揮するようになったというユニークな監督です。自称〝日本軽佻浮薄派〟。愚かで強欲で、調子のいい人間を面白おかしく軽妙に描き、独特の風俗映画を世に送り出しました。

川島監督との出会いは、一九六〇（昭和三十五）年公開の『接吻泥棒』という作品でした。この作品は、私が雑誌で石原慎太郎さんと対談したことから始まります。対談をきっかけに彼は「接吻泥棒」という小説を書いてくれたのです。

「逗子のお坊ちゃんで、超名門の一橋大学を出ているし、俺なんかとは違うだろう」と、この対談のときまでは、慎太郎さんのことをそのように見ていました。大学在学中の一九五五（昭和三十）年に「太陽の季節」で芥川賞を受賞し、颯爽と文壇に登場した人で

原作者の石原慎太郎（左）が本人役で出演した『接吻泥棒』　©TOHO CO., LTD.

すから、厳しい暮らしを生き延びてきた苦労人の自分とは住む世界が違うと思っていたのです。ところが、対談でお会いしてみると、私の満州からの引き揚げの話を真剣な眼差しで聞いてくれる人で、後日そのときの様子を丁寧に記事にしてくれたのでした。私はこのときに初めて、心の奥底に抱え続けてきた引揚者の引け目のようなものから解放された気がしました。聞いてもらえたこと、わかってもらえたことが嬉しかったですね。

　対談後に書かれた「接吻泥棒」は花形ボクサーが主人公の小説でしたが、主人公の名前が「高田明」で私の名前を彷彿とさせます。

　川島雄三監督は才能あふれる監督でしたね。私も喜劇を演じることに面白さを感じていたので、監督に「ここはこうしませんか」などとアイデアを出すと、川島監督は「ほほほ」と笑いながら、取り入れてくれました。『接吻泥棒』には慎太郎さんも本人役で出演しています。高田明が試合に勝って、団令子扮する恋人と居酒屋で飲んでいるところに、作家・石原慎太郎がふらっと暖簾（のれん）をくぐって入って来る。試合に勝った高田に「おめでとう」と声をかける石原慎太郎に、高田がサインを頼む。渡された色紙に左利きの彼がマジックで「石原慎太郎」とサインするとカメラが寄って、そのサインが映し出されたところでエンドマーク、というエスプリの効いた演出がされました。

慎太郎さんから「宝田さん、弟をよろしく頼みます」と紹介されたのが石原裕次郎との出会いでした。裕次郎は慶應大学在学中、俳優を目指して東宝、大映、日活のオーディションを受けましたが不合格。一九五六（昭和三十一）年に慎太郎さん原作の日活映画『太陽の季節』に端役（はやく）で出演し、デビューしましたが、その後は伝説的な人気スターに成長しました。

当時は五社協定という映画会社間での協定があって、日活の裕次郎と東宝の私が共演することは不可能でした。裕次郎は年齢が同じでしたが、私にとっては弟のような存在で、プライベートでは一緒に飲み歩きましたね。

伊丹十三の早すぎた死

伊丹十三(いたみじゅうぞう)さんは、映画監督であった伊丹万作を父に持ち、もともと役者でスタートした人ですが、やはり血筋なのでしょうか、監督として才能が開花した人でした。一九三三（昭和八）年生まれで、私の一歳年上です。一九八四（昭和五十九）年に『お葬式』で監督デビュー。そのタイトルのため映画会社は「縁起でもない」と配給を渋(しぶ)りましたが、公開されるや大ヒット。日本アカデミー賞をはじめ、その年の映画賞を独占しました。

一九九〇（平成二）年公開の『あげまん』が彼との初仕事でした。保守政党の幹事長で女癖の悪い男の役。「宮本信子の帯をバーッと巻き取るシーンもあります。遠慮なくやってください」と伊丹監督が言うので、私は役柄に忠実に、彼の妻である宮本信子の帯を勢いよく巻き取りました。

伊丹さんとの二作目が一九九二（平成四）年の『ミンボーの女』。伊東四朗演じるヤクザにまんまと騙(だま)されてコテンコテンにやられるホテルの総支配人の役でした。公開直後、伊丹監督が暴力団に襲撃されたことは忘れられません。大変な衝撃を世間にも与えた事件

『あげまん』で伊丹十三作品に初出演。宮本信子（左）と共演　©伊丹プロダクション

でした。知らせを受けた私が病院に駆けつけると、彼はまだ生々しい傷そのままの状態で、顔も手も血だらけでした。

聞けば車で自宅に帰ったら、五人の男が現れて、後ろから羽交い絞めにされてカッターで切られたということでした。『ミンボーの女』は、一九九二（平成四）年に施行された暴力団対策法による民事介入暴力の取り締まり強化をテーマにした映画で、伊丹さん本人が警視庁に出向いて取材をして、つくり上げたリアルなストーリーでした。撮影前には伊丹さん、宮本信子、私の三人で警視庁に挨拶に行きました。

何となく胸騒ぎはあったのです。警視庁がネタもとでしたから。案の定、伊丹さんが襲われてしまった。暴力団にとっては見過ごせないところがあったのでしょう。しかし、暴力に屈するわけにはいきません。私は襲撃事件の報道で「憲法に定めた表現の自由というものがあるんだ」と発言しました。

そのせいでしょうか。ある日、夜遅く車で家に帰ったら、車庫前に人影がありました。「俺のところにも来やがったか」と思ったら、「王子警察署のものです」と挨拶されました。警視庁から宝田明も襲われるかもしれないと連絡があったそうで、巡回警備に来てくれたのでした。

その後、伊丹さんは一九九七（平成九）年に『マルタイの女』を手がけます。カルト的な宗教団体から命を狙われる女優を護衛する刑事を描いた作品で、私は警視総監役で出演しました。伊丹さんはこの作品を『ミンボーの女』で受けた自身の襲撃事件をヒントにつくったのですから、根っからの映画監督です。

テーマの選び方に彼流の一途（いちず）なポリシーがあり、独自のユニークな視点で映画を撮る人でしたが、一九九七（平成九）年十二月二十日、帰らぬ人となりました。結果的に『マルタイの女』が遺作となってしまいました。自殺という手段で、自らの才能に終止符を打ってしまったのは残念でなりません。

戦争を憎悪する三船ちゃんのパワー

たくさんの俳優さんと共演してきましたが、特に私が親近感を持って尊敬していたのが三船（敏郎）ちゃんと森繁久彌（もりしげひさや）さんです。三船ちゃんも森繁さんも私と同じ中国からの引揚者です。私にとっては大先輩になりますが、相通じるような傷痕（きずあと）もあり、特別な友愛の情がありました。二人の俳優としての存在感もまた別格でした。

三船ちゃんと共演したのは『天下泰平』『続天下泰平』というサラリーマンものや、鶴田浩二さんとの共演が話題となった『暗黒街の顔役』、司葉子がマドンナ役だった『ある剣豪の生涯』などがあります。一九五九（昭和三十四）年公開の『暗黒街の顔役』は名匠と謳（うた）われた岡本喜八さんが監督を務め、音楽は『ゴジラ』の伊福部（いふくべ）昭さんという布陣。鶴田さんが暴力団幹部で、私がヤクザ稼業から足を洗いジャズ歌手を目指す鶴田さんの弟役、三船ちゃんが暴力団に利用される自動車修理工場の主（あるじ）を演じました。「三大スター豪華共演」と宣伝され、話題になりました。

三船ちゃんは一九二〇（大正九）年、中国山東省青島（チンタオ）生まれです。彼の父親は秋田県の

親しかった三船敏郎（中）だが共演作は少ない。
『暗黒街の顔役』では三船、鶴田浩二（右）と共演
©TOHO CO., LTD.

出身ですが、次男で実家の漢方医を継ぐことができなかったこともあり、満州へ渡って貿易商や写真業を営んでいたようですが、事業に失敗して大連へ移り住み、写真館を開きました。大連に移り住んだのは三船ちゃんが五歳のときです。三船ちゃんは旧制中学を卒業するまで大連で暮らしました。当時の大連はアジア屈指の貿易都市で、たくさんの外国人も暮らしており、文化的なモザイク都市でもありました。ですから彼も私と同様、コスモポリタンな環境で育っているのです。

一九三九（昭和十四）年、十九歳で召集。終戦まで約六年間、軍隊生活を体験しています。彼に与えられた任務は偵察機が撮影した写真をもとに敵地の地図の作成作業でした。

戦争末期は、九州の特攻隊基地に配属されたそうです。生い立ちからカメラを使い慣れていた三船ちゃんは十代半ばの少年兵たちの遺影となるであろう写真をひたすら撮った。必死の地へ赴く若き兵士たちを撮った三船ちゃんの心境は如何ばかりのものであったか……。一九四五（昭和二十）年八月十五日、終戦を知った彼は大声で「ざまあみやがれ！」と叫んだとか。すでにご両親は戦禍に巻き込まれて死亡しており、九州から兄妹のいる横浜市の磯子を目指し上京しました。除隊するときに軍から与えられたものは毛布二枚だけでした。

　そんな彼が復員後、頼ったのは軍隊生活の中で知り合った東宝撮影所撮影部の大山年治さんでした。先に除隊した大山さんから「除隊したら東宝を訪ねるように」と言われていたそうです。彼の言葉を頼りに東宝の撮影所を訪れたことが彼の戦後の役者人生の始まりでした。実は、もともと役者志望ではなく、撮影スタッフになるつもりで東宝を訪れたものが、手違いでニューフェイスのオーディションを受ける羽目になり、あの風貌と型破りな受け答えが黒澤明さんや山本嘉次郎さんの目を引いて、東宝ニューフェイス第一期生として採用されることになったのです。

　一九四八（昭和二十三）年に志村喬さんと共演した、初めての黒澤作品『酔いどれ天使』

で、闇市に巣食う若いヤクザ役で観客を魅了しました。戦後の荒廃した世の中で堕落していく青年がくだらない喧嘩で死んでしまうという役なのですが、そこにはそんな経験さえもできずに死んでいった特攻隊員たちの無念の魂が憑依したかのように、ほとばしるエネルギーを見せつけたのでした。

戦争中、大陸で関東軍に召集され過酷な経験をした上に、戦争末期には九州の特攻基地であどけなさの残る少年兵たちの最後の姿となる写真を撮ってきた人です。彼らの悲壮な顔が三船ちゃんの脳裏に焼きついていたのでしょう。今は携帯電話で簡単に写真が撮れますが、当時の写真は貴重なフィルムを使って、一枚一枚シャッターを切っていった。そこには、覚悟と決断がありました。写真とは被写体の命を写し取るようなものだったのです。

戦争を憎悪する三船ちゃんには逞しい容姿をさらに凌駕する内面的なパワーがありました。それが黒澤明監督の心を捉え、彼の存在によって〝世界のクロサワ〟の名作がこの世に生み出されたといえます。三船ちゃんは国際的な俳優としても活躍しましたが、その根底には物怖じしない度胸と大陸で培ったコスモポリタンとしての精神の裏打ちがあったのではないでしょうか。

猥談で泣かせる森繁さん

森繁久彌さんとの初共演は、一九五六（昭和三十一）年公開の『森繁よ何処へ行く』でした。その後、『極楽島物語』『サラリーマン忠臣蔵』『水戸黄門漫遊記』などで共演しています。NHKのアナウンサーだった森繁さんは、一九三九（昭和十四）年に満州の首都・新京（現・長春）にあった満州電信電話の新京中央放送局に赴任しました。この人も筆舌に尽くしがたい経験をしています。

新京時代の逸話です。森繁さんは当時から口八丁で、満州でもその名は轟いていたようです。戦争真っ只中のある日、満州国の陰の支配者といわれた甘粕正彦陸軍大尉ほか憲兵隊のお偉いさんたちが新京の日本料理屋で芸者たちとドンチャン騒ぎをしていました。幇間でも呼ぼうということになって、「新京の放送局でアナウンサーをしている森繁というのが面白いから、あいつを呼べ」と誰かが言い出した。呼び出された森繁さんが座敷の襖を開けてみると、お偉いさんたちは軍服を脱いでシャツ一枚の姿でした。正面には甘粕大尉が座っています。甘粕大尉は満州国建設において暗躍したといわれている人物です。そ

同じコスモポリタンとして友愛の情を抱いた森繁久彌（右）と共演した『森繁よ何処へ行く』。中央は恋人役の香川京子

れに同席しているのは憲兵隊の連中ですから、当時としては鬼のように怖い連中の揃った宴席です。

「遅くなりまして申し訳ありませんでした」

「おう、森繁か。さっそく何かやってくれ」

どんぶりに注がれた酒をグイと飲み干し、やおら森繁さんが話し始めたのは、なんと猥談（わいだん）でした。

憲兵たちの盃を持つ手が止まって、水を打ったように座は静まり返りました。緊張感漂う、ただならぬ気配が座を支配しました。

「非常時に猥談をやる奴があるか！　この非国民め！」と、一人の憲兵が刀を抜いて斬りかかろうとしたそうです。

「まあ、待て」

甘粕大尉がそれを静かに諫（いさ）めました。機嫌を損ねた憲兵の理不尽な行為が許された時代です。戦争中に、よりによって彼らの前で猥談をするなどありえません。森繁さんとはどんな神経と度胸の持ち主なのでしょう。「あのときは、これは斬られるなと思ったよ」とさすがに覚悟したと、のちに言っていました。

ところが甘粕大尉が森繁さんを面白がった。

「恐れを知らぬ、なかなか愛い奴だ。この非常時に俺たちの前でエロ話をするとはな。まあ、いい。こっちへ来い」

甘粕大尉から一献いただいて、それをきっかけに親交が深まったのだそうです。それぐらい森繁さんは話術が達者だった。

森繁さんは敗戦を新京で迎え、ソ連軍に連行されるなど幾多の苦難の末、一九四六（昭和二十一）年十一月に満州から引き揚げて、三十七歳でコメディアンとして映画に出演するようになりました。

これは余談ですが、後年、森繁さんは奥さんに「あのときに斬られていればよかったのよ」とポロッと言われたそうです。

「おタカ、夫婦なんてそんなもんですな。女房なんてものは、いくら惚れ合った仲でも結婚したらお仕舞いだね。妻だ、家内だといってもね、本音では斬られたらよかった、だもの」

「おタカ」と呼んでいた私に、面白おかしくそんな愚痴をこぼしたこともありました。

もう一つ、森繁さんらしいエピソードがあります。夜間ロケに行ったときのことです。

準備ができるまで、出演者一同はバスの中で支度(したく)をして待機していました。

「森繁さん、何か面白い話をしてよ」

「おタカ、おまえはすぐそういうことを言いやがる」

「いいから、いいから。聞かせてくださいよ」

若い女優さんもバスに乗っている中、森繁さんはやおらボソリボソリと、私の要望に応えて猥談を始めました。同じ話はしません。毎回、新しいネタです。話し始めて、のってきたらもう、止まりません。つらつらと澱(よど)みなく話が進みます。

これが森繁さんのすごいところなのですが、猥談が次第に悲しい物語になって、聞くとはなしに耳にしていた女優さんたちが、仕舞いには鼻を啜(すす)り始めるのです。その泣かす話術たるや、天才的でしたね。猥談で人を泣かせるなんて、森繁さんのほかに誰ができるでしょう。

「森繁百話」といわれるくらい、実にいろいろなネタがあった。それは中途半端な落語家や講談師より遥かに面白かったですね。

大先輩ですが、「おタカ」と呼んで私をとても可愛がってくれました。調子にのって、森繁さんの高座を持ちたいと提案をしたこともありました。

「僕にプロデュースさせていただけませんか。落語みたいに『森繁猥談あれこれ』っていうのをやりたいんですよ。大人が来てくれればいいから夜九時か十時くらいのスタートで始めましょう。雑談でもかまいません。それも森繁さんの味です。興がのってきたら猥談を披露してくだされればいいんですから」

「おい、そんなのうまくいくのかよ？」

「古今亭志ん朝は高座で眠ってしまっても、『ああ、これも志ん朝だ』ってお客さんは満足して帰ります。森繁さんも同じですよ」

まんざらでもない感触でしたが、一九八四（昭和五十九）年に文化功労者で表彰されてから、だんだん艶っぽい話をしなくなり、一九九一（平成三）年に文化勲章をもらったら猥談は封印されました。不思議なものです、叙勲されたら品行方正になっちゃった。しかし、無理もありません。大衆芸能演劇者としては史上初の受章でしたからね。

森繁さんは一九六〇年代の高度経済成長期、東宝のドル箱といわれた『社長』シリーズで人気を博しましたが、一方でシリアスな役柄も味わい深く演じ、特に一九五五（昭和三十）年の『夫婦善哉』を契機に役の幅がさらに広がりました。歌もうまくて、ミュージカル『屋根の上のヴァイオリン弾き』は一九六七（昭和四十二）年から一九八六（昭和六十一）年まで上演され、ステージ数は九百回に及ぶ伝説的作品となりました。

森繁さんも三船ちゃんも戦時を生き延びて、戦後も苦労してきました。コメディからシリアスなものまで滋味のある演技で飄々とこなした芸達者な森繁さん、その強烈な存在感で黒澤映画はじめ、国際的にも活躍した三船ちゃん、そしてメロドラマシリーズに多数出演していた私が東宝黄金時代の三枚看板となったのです。三人とも中国帰り、いわばコスモポリタンでした。共演作こそ多くはありませんでしたが、それぞれ役者として求められる役割を果たしてきました。お二人は美しい女優さんたちとの共演が多い私を羨ましがっていましたが、私も彼らの役どころに憧れはありました。それぞれが別の立ち位置にいたからこそ名作が生まれた。一九五〇年代から一九六〇年代の華やかな映画産業を支えてきたともいえるでしょう。その後、テレビの台頭もあって映画を取り巻く環境は次第に変化していきました。

第八幕

スポットライトを浴びて

ミュージカル俳優への転身

二十歳で『ゴジラ』に出演してからとんとん拍子で俳優としての階段を駆け上り、私はあっという間に年間十本前後の映画に出演するようになっていました。映画の主題歌を歌うようになっていた私に、東宝の演劇部長、菊田一夫さんから舞台出演の話が持ち込まれました。私を映画畑で育ててくれた藤本眞澄（さねずみ）プロデューサーからは「勉強しなきゃだめだぞ！」と檄（げき）を飛ばされ、ミュージカルが何かもよくわからないまま取り組むことになりました。

菊田一夫さんは東宝演劇部の総帥（そうすい）であると同時に、映画だけでなく帝国劇場や宝塚歌劇などの舞台の原作・脚本・演出をはじめ、小説も執筆するなど、数々の名作を世に送り出した人です。一九六三（昭和三十八）年九月に東京宝塚劇場で日本初のブロードウェイ・ミュージカルとして、江利チエミと高島忠夫主演による日本版『マイ・フェア・レディ』を上演したことでも知られる、日本のミュージカル界の草分けでもあります。

私にとっては『ゴジラ』から十年後、三十歳での新たなチャレンジでした。デビュー翌年頃から、映画の合間に日劇のショーや、一九六〇（昭和三十五）年からは『新春スター・パレード』というお正月のショーにもたびたび出演していましたので、舞台が初体験というわけではありません。しかし、ミュージカルはまったく新たな領域でした。そこに至る過程には、時代の変化とこれまでの映画を通しての出会いの後押しがありました。

一九五三（昭和二十八）年、私がデビューした年にテレビ放送が本格的に開始されました。当時は駅や公園などの街頭テレビで放送されるプロレスやボクシングの中継に国民が熱狂していましたが、まだまだテレビの普及率は低く、何といっても娯楽の主役は映画、一九五〇年代はまさに映画の黄金時代でした。ちなみに一九五八（昭和三十三）年の日本の映画観客数は、年間延べ十一億二千七百万人、国民一人当たり年間十二回から十三回ほど観ている勘定（かんじょう）になり、日本映画史上、興行面での絶頂期でした。他方、テレビ放送は同年、受信契約数がようやく百五十五万六千八百台に達したところでした。

しかし、翌年から映画の観客数は徐々に減り、一九六三（昭和三十八）年には五億千百十二万人と半減。一方、テレビは千五百十五万台と五年前の十倍に増加します。経済成長による生活スタイルの変化もあって、映画は次第に下降線をたどり始めていました。そんな状況の中、私の映画出演数も減り、そのタイミングでミュージカルへの挑戦の話が舞い込んだのです。自然と映画の仕事をしながら、舞台へと軸足を移す形になりました。時代の流れにうまく乗れたといえるかもしれません。歌が好きだった私が天分を発揮することになったミュージカルとの出会いには、菊田一夫さんと共に、もう一人の水先案内人がいました。江利チエミです。彼女から「お兄ちゃん、これからミュージカルの時代が来るから一緒にやろうね」と誘われていたのです。それはまさに、ミュージカル黎明期の頃のことでした。

チエミとは一九五六（昭和三十一）年の『大暴れチャッチャ娘』で初共演し、同年、『ロマンス娘』では美空ひばり、江利チエミ、雪村いづみの〝三人娘〟と共演しました。思い返してみれば、チエミと共演した『大暴れチャッチャ娘』は、私が初めて映画の中で歌を歌った作品です。

一九三七（昭和十二）年生まれの三人娘とは共演も多く、私は「お兄ちゃん」と呼ばれて慕われていました。ひばりの歌のうまさは別格でした。「不世出のスター」とは、ひばりのためにある言葉といっても過言ではありません。チエミといづみは戦後、進駐軍のキャンプで歌ってきた実力者です。戦後をもがき苦しみながら生きてきた人間としての芯がありました。チエミとひばりは生き急いだのでしょうか。早くに亡くなってしまった。

壮絶な人生をかいくぐってきた人たちでしたから、もう少し長く生きてくれたら、人々に勇気を与える言葉を残してくれたんじゃないかと、彼女たちの不在が残念でなりません。

ミュージカル出演一作目で国からお墨付き

一九六四（昭和三十九）年、『アニーよ銃をとれ』という作品で私はチエミと共演することになりました。映画とミュージカルは演じ方が違うので、チエミと一生懸命勉強しました。断酒まではしませんでしたが、節酒を約束して猛特訓しました。ちなみにチエミもひばりもウイスキーなら一瓶（びん）空けるほどの酒豪でした。私もかなり飲みますが、あの二人は小柄ながら、声量も酒量もすごかった。小さな体で一瓶飲んでしまうんですからねえ、桁外れの豪快さです。

チエミとの共演で臨んだ『アニーよ銃をとれ』。この作品は西部を舞台にしたワイルド・ウエスト・ショー一座の花形射撃手フランク・バトラーと、山育ちの女性射撃手で山猫のような娘アニー・オークレイの物語です。最初は「宝田明は口パクで、オペラ歌手が歌っているテープの歌声に口を合わせているんだろう」と評論家たちは疑っていたようです。

『アニーよ銃をとれ』で江利チエミ（左）と共演。二人は猛特訓を重ねて舞台に臨んだ

ところがマスコミ招待で劇場に足を運んだ評論家たちが実際に舞台を観て、私の歌唱力を目の当たりにしたことで、一気に評価が変わりました。私は〝口パク〟なんて技も知りませんし、そもそも子供の頃にはオペラ歌手になりたいと思ったこともあるような人間です。新宿コマ劇場の大きな舞台でテナーの音域で朗々と歌い演じました。ブロードウェイでは主役の男性はテナー、女性の主役はソプラノで二番手がアルト、バリトンです。私がキーを下げずに歌えたので、評論家たちは驚いたのでしょう。

結果的に、私はこの作品で文部省芸術祭奨励賞を受賞しました。思えば、小学校での初芝居『奇しき泉』のときから、舞台に立つことに物怖(ものお)じはしませんでしたが、ミュージカル出演一作目で、国から合格点のお墨付きをもらえたということに、何かこれまでにない手応えを感じました。映画とはまた違った、演じることの新鮮な喜びとでもいいましょうか。役者人生に新たな側面を発見したような、そんな思いが湧(わ)き上がりました。

翌年一月、虎ノ門ホールで授賞式がありました。授賞会場は公演を行った新宿コマ劇場に比べたら小さなステージです。ところが愛知揆一(きいち)文部大臣から賞状を受け取るその場所まで、なかなかたどり着けない。フラフラとまるで雲の上を歩いているような、おぼつかない感覚です。それが賞というものの実感でした。デビューから十年、これが俳優人生で初めての受賞でした。

私の舞台俳優としての活動が本格化していきました。一九六六(昭和四十一)年には『キス・ミー・ケイト』『風と共に去りぬ』の長期公演が続きました。『風と共に去りぬ』で演じたレッド・バトラーはアメリカ映画では名優クラーク・ゲーブルのはまり役です。そんな役に挑戦することになるとは夢にも思いませんでした。

舞台では、映画以上に幅広い役にチャレンジすることができました。『マイ・フェア・レディ』では、さまざまな女優さんを相手にヘンリー・ヒギンズ教授を演じました。中には声量がなく、音を下げて歌うヒロイン役の女優さんもいました。

一九七一（昭和四十六）年以降は舞台中心の活動になっていきました。『ボーイング・ボーイング』でのプレイボーイ役や『Mr.レディ　Mr.マダム』でのオカマ役も新鮮な経験でした。一九七五（昭和五十）年にトニー賞を総なめにした『ザ・ウィズ』の日本版『ザ・ウィズ／オズの魔法使い』を一九七六（昭和五十一）年七月に日生劇場で公演しました。岡崎友紀、上條恒彦、沢木順らと共演したのが懐かしいですね。

小劇場演劇のフロンティア

一九七〇（昭和四十五）年、ニューヨークへ行ったときに、東宝の現地の社員に誘われてオフブロードウェイの芝居を観る機会を得ました。「小さい劇場なんですが、素敵な芝居があるから観に行きませんか」との誘いに惹（ひ）かれたのです。寒い晩でした。「一杯飲んでから行こう」となり、軽く飲んで体を温めてから、サリバン・ストリート劇場へ向かいました。

狭い劇場の中に入ると、舞台には鉄のポールが四本立っている。そこにボロ布みたいな幕がかけてあって、「Fantastics」（ファンタスティックス）と書いてある。ほかには何の装飾もありません。舞台上にはピアノとハープがあるだけです。

私は最前列で足を組んで座って開演を待っていました。やがてピアノとハープの前奏が始まりました。出演者が舞台に現れます。お父さん風の男性二人、次に若い娘が出てきました。そのときです。ルイザという役名のその若い娘が、私の足に引っかかって勢いよくひっくり返ってしまったのです。

「オー・ソーリー」と私が慌てて謝ると、「ドント・ウォーリー」と出演者は笑顔を見せて、もう一度、出だしのところからやり直してくれました。私は申し訳ないという気持ちでいっぱいでしたが、一人の観客に対して「大丈夫、気にしないで」と対応する演者たちの姿に「なんて温かいんだろう」と感激してしまいました。

芝居が始まりました。音楽はピアノとハープだけなのですが、どの曲もメロディがとても美しい。ストーリーは若い男女、マットとルイザの恋物語です。恋に落ちた若い二人が簡単に結ばれたら、この先すぐに別れてしまうかもしれない。もっと人生経験を積んでから結ばれればいいし、その方が幸せになるだろうと考えた親たちがある仕かけをします。誘拐屋エル・ガヨにマットを誘拐させるのです。ルイザはすべてを失ったかのように冷めた女性になっていく。しかし、やがてマットが現れ……。ハッピーエンドのあったかい物語なのです。

この作品はトム・ジョーンズの作詞とハーヴィー・シュミットの作曲によって大学のキャンパスで上演されたのが始まりです。それがオフブロードウェイのプロデューサーに見い出されて、サリバン・ストリート劇場という百二十席くらいの小さなハコで上演されていたのです。

ブロードウェイで華やかなステージが開催されている一方で、オフブロードウェイではこういう味のある芝居もやっているのです。小劇場ならではの温かい雰囲気と美しい物語に感激した私は「そうだ、こういう芝居をやろう」と決意して帰国しました。

それまで私は帝国劇場や新宿コマ劇場などの大きな劇場で華やかな舞台をやって来ましたが、小劇場でのあったかい芝居をやってみたいと、早速、東宝に話をしました。

「『風と共に去りぬ』のレッド・バドラーをやっている宝田明が『ファンタスティックス』だと？　そんな小さな芝居をやりたいのか？」

「大きな劇場でやる大きな芝居ではなくて、小さな劇場で演者の表情まで観客に捉(とら)えられるような細やかな芝居をやってみたいんです。映画ならカメラワークで役者の表情が捉え

『ファンタスティックス』の製作発表。右端が筆者。左から2人目が天本英世、3人目が多々良純

られます。しかし、大きな劇場では演者が遠すぎて演者の表情までわかりません。瞬（まばた）き一つで観る人の心をつかむような芝居を、映画ではなく、演劇の世界でやってみたいんです」

自分の想いを訴えましたが、東宝からいい返事はもらえませんでした。

翌一九七一（昭和四十六）年、私は演出家らを連れて渋谷のジァンジァンという、当時でいう歌声喫茶のような店に行き、オーナーの高嶋進さんに「小劇場をやろう」と持ちかけました。高嶋さんは面白がって快諾（かいだく）。当時、日本には小劇場はほとんどなく、今でこそ〝演劇の街〟として賑わう下北沢にも皆無でした。ジァンジァンは変わった形の店で、L字型にしか客席がつくれませんでしたが、どうにか百五十席を用意して『ファンタスティックス』を上演しました。私は青年を誘拐するエル・ガヨ役です。

初日は二十人。二日目は八十人、三日目からは開演待ちの長い列が公園通りまで続きました。ジャンジャンのスタッフは大慌てです。

「宝田さん、表に行列ができていますけど、どうしますか？」

「通路でもどこでもいいから入れちゃえ」

「でも消防上の問題が……」

「消防署なんて俺がお縄になればいいんだから、入れちゃえ。ステージの端にも二、三人分のスペースはあるよな。あとは店の名前がジァンジァンなんだから、ジャンケンで勝った者をジャンジャン入れてくれ」

顧客リストをもとにダイレクトメールを送るような時代ではなかったので、宣伝はたかが知れたものでした。今のようにSNS（ソーシャル・ネットワーキング・サービス）もありません。口コミだけで、表に列ができるほどの人が来てくれたのです。客席両サイドの通路までいっぱいになりました。結局、消防署からのお咎めもなく、二週間の公演は大盛況のうちに終わりました。

それを知った東宝が、あとから「宝田さん、すまなかった。東宝がやるべきだった」と謝ってきましたが、あまり気にはなりませんでした。デビューから二十年近くが経とうとしていて、私自身も「何か打ち破りたい」と思っている時期でもありました。反骨精神が原動力にもなったのでしょう。その後は自分の演出で、全国公演を何回も行いました。

ジァンジァンのような小さな劇場は理想的でした。お客さんたちが役者の表情をアップで見ることができるのです。大劇場になると、舞台上の演者の表情は見えません。こういう芝居は小さな劇場で十分なのです。囁(ささや)きも、吐く息、吸う息も、瞬きも、お客さんたちは舞台の世界を側で観て、固唾(かたず)を飲んで自分も一緒になって芝居の世界に入っていく。写実的セットは何もないし、いらない。幕をパッと開けると、がらんどうの舞台です。そこで演じるのです。作品の主題歌「Try To Remember」で幕開きです。演出家の私は、手の中で舞台も観客も操(あやつ)るいわば人形つかいのようなものです。

『ファンタスティックス』は、宮本亜門さんやほかの演出家たちによっても上演されている人気作です。しかし、あえて言及するなら、私の演出がいちばん〝大人の演出〟だと思います。観客を見ながら演出する。ここは緩(ゆる)やかに、ここはガチッと捉えるという緩急(かんきゅう)をつけた演出です。私は小劇場での演劇のフロンティアです。そして、私の演出には小劇場だけにしかできない芝居の心意気が活かされていると思います。

まさかの芸術祭大賞

二〇一二（平成二十四）年十一月には、ロックグループSOPHIAのボーカルである松岡充君を青年マット役に起用して『ファンタスティックス』を銀座博品館劇場で上演しました。彼にナイーブな気持ちを持つ青年をやってもらいたいと思って誘ったのです。二〇〇七（平成十九）年に舞台『タイタニック』で共演した際に、難しい歌を上手に歌い上げた彼の姿が印象に残っていました。普段はロックバンドのボーカルとして、爆音の中で激しく歌っていますが、そうではない一面、「君の持っているナイーブなところを出してやってもらいたい。俺に任せろ」と声をかけたのです。少女ルイザ役は元宝塚歌劇団月組のトップ娘役だった彩乃かなみでした。

私は厳しい演技指導はしません。できるまでひたすら待ち続けます。そして、うまくできたときにはグッと抱きしめて「よくやったなあ。できたな、嬉しいよ。涙が出ちゃったよ」ときちんと伝えて信頼関係を築いてきました。そうやって役者のテンションを上げて

『ファンタスティックス』では狂言回し役のエル・ガヨを熱演

いくのです。

このときの『ファンタスティックス』は文化庁芸術祭参加公演にしました。およそ一カ月にわたって行った地方公演も無事にすべて終えた頃のことです。こんな話が耳に入ってきました。

「宝田さん、『ファンタスティックス』は芸術祭の賞の対象になっているみたいですよ。あの、これはまだ確定じゃないですよ。わかりませんけど……」

「えっ、ちょっと待ってくださいよ。奨励賞か何かですか?」

「いや、あの……まだ決まったわけでは……」

そして、年の瀬が迫ったある日、文化庁か

2012年の文化庁芸術祭で大衆芸術部門大賞を受賞

ら大衆芸術部門大賞受賞の連絡が私のもとへ伝えられました。腰が抜けるような驚きでした。そして、自然と涙があふれました。数多の演劇人がいる中で、まさか大賞をいただけるとは思ってもいなかったのです。確かに芸術祭に参加はしましたが、それでもまさか、大賞だなんて望外の喜びです。初めてジァンジァンで上演してから四十一年が経っていました。「ああ、この作品を大切にずっと上演してきてよかった」と心に虹のかかるような思いでした。

この作品は本当に温かくていい作品です。年配者なら自分の息子や娘のことを思い浮かべて観ることができるし、若い人だったら自分の父親を重ねながら観ることができるでしょう。どの世代にもスッと心に響く要素がある、そんな作品なのです。石原慎太郎さんもこの作品の大ファンで、以前久しぶりに会ったときには「宝田さん、まだあの作品やってますか。あれはいいねえ」と、しばし『ファンタスティックス』談義となりました。二〇一二年の公演を最後にしばらく上演していませんが、できるならもう一度やってみたいですね。

ちなみにサリバン・ストリート劇場の廊下には日本での私の『ファンタスティックス』のポスターが貼ってあります。二回目の公演のチラシや各国の公演のチラシも置いてあります。客席の端っこに座っていると「日本のエル・ガヨさんが来ました。皆さん、拍手」と、出演者からの紹介があり、お客さんたちから拍手が巻き起こります。まるで故郷のような温かさがありました。

大怪我から得た教訓

話は少しさかのぼります。一九六九（昭和四十四）年、私は『経度0大作戦』『水戸黄門漫遊記』の二本の映画に出演しましたが、活動は舞台が中心になり始めていて、同時にテレビドラマにも出演するようになっていました。この年は『平四郎危機一発』というＴＢＳのドラマで主役の花屋のマスターである九条平四郎を演じていました。平四郎は花屋とは別に探偵の顔を持っていて、〝平四郎パンチ〟なるもので悪い奴らをやっつけるという物語です。ちょうど『風と共に去りぬ』のミュージカル版『スカーレット』のレッド・バトラー役も決まっていて、その稽古をしながらドラマの収録をこなしていました。『スカーレット』の初日は年明け、一九七〇年一月初旬の予定でした。

十二月中旬、私はドラマの第十三話の撮影現場で重大な事故に遭ってしまったのです。平四郎がパワーシャベルにぶら下がるシーンでした。悪漢に追い詰められた平四郎がパワーシャベルで吊るし上げられて、振り回されるというアクションシーンです。パワーシャベルにロープを結びつけて、それにぶら下がって撮影することになりました。

打ち合わせをしたあと、いきなり本番です。パワーシャベルが動き出して、シャベルのロープにつかまった私の体が持ち上がりました。そしてシャベルを大きく振ると私の体が時計の振り子のようになって、二度大きく振られて手がロープから離れてしまったのです。

固い地面に叩きつけられた私は呻きながら体を確認すると、右足首の先がない。よくよく見ると折れた真っ白な骨が靴下を破って突き出していました。足首はかろうじて筋肉でつながっているものの、脹脛の反対側にまわってしまっているので見えなくなっていたのです。

最初は痛くはなかった。ふと見上げるとキャタピラーが目の前にありました。とっさに『スカーレット』はどうなるのかなあ」などと悠長なことを、ぼんやり考えました。周囲で監督やスタッフが騒然としているのですが、当の本人はまるで遠くで起きた出来事のような面持(おもも)ちで、「セメダインでくっつかないかな」なんて考えたり、一方で「これで俺の役者人生は終わったな」と妙に冷静になったりして、あまりのショックにおかしくなっていたのかもしれません。

撮影現場は東京郊外にある稲城(いなぎ)市の山中でした。担架(たんか)などありませんから撮影隊が持っていた畳一枚分くらいの大きさの照明用のレフ板を重ねて、その上に乗せられて下山し、近くの病院で応急処置をしてから、救急車で慶應義塾大学病院に運ばれました。

三カ月の間に何度も手術を重ねましたが、足は一向に動きませんでした。術後、痛み止めの効果はなく、私は呻くばかり。その声は同じ病棟の入院患者の睡眠を妨げたほどだったそうです。痛みに悶(もだ)え苦しむ私の脳裏には、戦後の街頭で見かけた傷痍(しょうい)軍人の姿が浮かんでいました。

半年ほど経った頃でしょうか。栃木県塩原のリハビリ病院にいる私のもとへ、東宝演劇部からミュージカル『マイ・フェア・レディ』出演のオファーが来ました。このときはまだ足が動かないままだったのですが、東宝がくれたビッグチャンスを逃しては、復帰は叶いません。俄に意欲を奮い立たせて血の滲むようなリハビリを続けました。そして、ついに足首が微かに動いたのです。嬉しくて嬉しくて、飛び上がれませんが、心は飛び上がり、天にも昇る気持ちでした。それからは激痛に泣きながらも一層リハビリに励みました。

リハビリ病院には、想像を絶するような事情を持つ患者もいました。自殺未遂をした人、事故で足や腕をなくした人などさまざまです。命を捨てようとしたのに失敗して、生き延びた人たちは、最初は鬱状態に陥り、三カ月くらい病室から出てこないそうです。それが徐々に生きる気力を取り戻してリハビリを始めるようになるのです。私が怪我をしなかったら、あの人たちの存在は知らなかった。一生目にすることのない、生きることの意味を問う壮絶な現実がそこにはありました。

そんな姿を見ると、「俺なんて足首は折れてしまったけど、動き始めたのだからまだいいんだ。世を儚んで死ぬつもりだった人の苦悩とは如何ばかりか。俺の境遇などまだましなものだ。これからの仕事はもっと愛情を持ってやるぞ」と、私は心の底から湧きあがるような新たな力を得ました。

このとき、私はまた一つ、人生のハードルをクリアしたのかもしれません。そして、「今までの仕事に対する俺の態度は甘っちょろかった。これからはもっともっと真剣に向き合おう」と誓ったのです。これを契機に仕事に対するものの考え方がガラッと変わりました。「一つひとつの役にもっと愛情を注がなきゃだめだ」という教訓を得たのです。

　私が降板したミュージカル『スカーレット』のレッド・バトラー役は北大路欣也が代役を務めました。短期間でよく仕上げたと感心します。スカーレット役は「神宮寺さくら」の名前で舞台に立った、宝塚歌劇団の男役スターだった内重（うちのえ）のぼるでした。彼らの努力によって、公演が何事もなく行われたことは何よりでした。

　長く辛（つら）いリハビリを経て、一九七〇（昭和四十五）年八月から九月にかけての二カ月間、帝国劇場で『マイ・フェア・レディ』の舞台に臨みました。復帰したとはいえ、足の状態はまだ万全ではありません。公演途中で足がむくんでしまい、幕間には出待室で氷嚢（ひょうのう）を足にあてて冷やしたりしながら、何とか公演を終えた記憶があります。そんな状態でも舞台に立ち、演じきれたのは、東宝のオファーに対する感謝と私自身の仕事に対する取り組みの姿勢が劇的に変わったからです。

　舞台というのは役者の魂が観客にダイレクトに伝わる場です。結果、私の演じたヒギンズ教授がもっとも評判がよかったようでした。その後、ヒギンズ役を演じた皆さんが、私の直した歌詞を使って歌っておられるということです。長い間、ギプスで固定していたので未だに右足は三センチ細いですし、右足首が曲がらず正座や走ることもできません。怪我の後遺症は残ったままです。

この大怪我を乗り越えたこと、そして、その後の私の舞台人生に多大な影響を与えることになる『ファンタスティックス』に出会えたことは、私を役者としてまた一回り成長させてくれたのでした。

真実の姿を伝える演劇を

今も取り組んでみたい芝居の構想は頭の中にあります。テーマに取り上げたい人物もいます。ＮＨＫの「大河ドラマ」で扱うような人物は歴史上の事実に基づいているようでありながら、実はすべてフィクション、つまり創作です。織田信長も豊臣秀吉も徳川家康も本当の人物像がわかりません。私はつくられた歴史上の偉人より、生きざまや人物像がわかる人の芝居をつくりたい。

マザー・テレサは、ミュージカルにしてみたい人の一人です。一九七九（昭和五十四）

年にノーベル平和賞も受賞した彼女の生涯は慈愛に満ちています。神に仕え、ひたすら路上で暮らす貧しい人たちに手を差し伸べ続けました。修道院内でシスターたちは裸足で過ごし、外出のときだけ粗末なサンダルを履くそうですが、マザー・テレサとて例外ではありません。マハトマ・ガンディーのように彼女も歩いて、歩いて、黙々と歩いて貧しい人々と共に生きました。彼女のその「愛」に、私は清貧の思想を見い出すのです。

一度、バチカンに行き、枢機卿にも会いました。バチカンにはマザー・テレサのサンダルが保存されてあり、門外不出だということなので、写真だけ撮らせてもらいました。神父さんには「だめだ」と言われたのですけど、私のことですから、例のごとく抑えきれない好奇心と度胸のよさで「いいから、いいから」と笑顔で許してもらいました。

森繁久彌さんを演劇にするのもいいですね。実在の人物ですし、激動の時代を独特の感性で生き抜いた人ですから。徴兵制度を避けるためにNHKのアナウンサーになって満州へ渡った話や壮絶な引き揚げの経験があります。敗戦時に十二歳だった私の記憶とは異なり、森繁さんは奥さんや子供を連れての引き揚げの過程で、戦時下の人間の脆さ、浅ましさ、狂気を冷静な目で見てきました。帰国後、食うに困って、劇団を転々としながら、やがて役者として喜劇からシリアスなものまでこなす名優となった。九百回演じ続けた舞台

『屋根の上のヴァイオリン弾き』の偉業などがある一方で、業界随一の〝すけべえ〟でとおり、女性のお尻を触るのがうまいという逸話も有名でした。並外れた度胸と話術だけでなく、文才も素晴らしかった。森繁さんの人間としての器の大きさ、深さ、おおらかさを舞台で表現できたら素晴らしいだろうと思います。

第九幕

コスモポリタンとしての使命

怪我の功名

二〇二〇（令和二）年四月二十九日、私は八十六歳になりました。行きたいところへ行き、食べたいときに食べ、遊びたいときに遊ぶ。昔も今もずっと変わらず自由にやって来ました。特別な健康法もありません。でもこの年齢ですからね、例えば、どんなに最高級の車だって五十年も乗っていたらオーバーホールが必要になるでしょう。人間も同じです。八十六年もこの体を使っていますからね。無理もしましたし、怪我も何度もしています。

ハルビンでのソ連兵からの銃撃、テレビドラマの撮影で折った右足首の怪我だけではありません。まさに満身創痍の人生でした。

一九六八（昭和四十三）年、日本テレビのドラマ『五人の野武士』では、落馬してしまい、馬に足のつけ根を踏まれました。農耕馬で五百キロくらいありますからね。もう少し場所がずれていたら危うく急所ですから、これは冷や汗ものでした。『五人の野武士』は三船プロダクション制作で、三船（敏郎）ちゃんがテレビ時代劇に初出演した作品でした。

右足首に大怪我を負ったドラマ『平四郎危機一発』は人気ドラマだったので続編が制作

されたのですが、怪我にも続編がありました。再開後、ロケ初日にまた大怪我を負ったのです。明治神宮外苑の絵画館前で暴漢に襲われるシーンで、リハーサル時に右目の下に殺陣師の鉄拳があたり、頬の肉が柘榴のように割れてしまいました。数センチ違えば失明していたでしょう。またしても慶應義塾大学病院にお世話になり、三十八針縫いました。形成外科の先生が「俳優さんの顔ですからね、細かく縫いました」と、丁寧な処置で傷を隠してくれたのはありがたかったですね。

『五人の野武士』の主人公・八郎太の愛馬と共に

私の怪我は結果的に役者の安全管理に貢献することになりました。俳優に保険をかけるきかっけになったのです。それまでは、例えばスタントマンが二階から飛び降りるときでも下に用意されているのは煎餅布団だけというありさまでした。アメリカでは緻密な計算をした上で役者の安全を第一に万全を期して撮影していましたが、日本では気持ちで乗り越えろという根性論的な考えがまかりとおっていましたから、安全対策についてはかなりお粗末でした。戦時中の日米の社会体制とどこか通じるものがありました。私の怪我によって日本で役者の安全対策がなされるようになったのですから、これが本当の「怪我の功名」ではないでしょうか。

心臓手術は二回、胆嚢手術を一回。胆石はお産より痛いということらしいですが、確かに猛烈に痛かった。開けてみたら胆石がいっぱい出てきました。噺家の柳家金語楼さんは瓶に自分の胆石を入れて持ち歩いていました。三十数個持っていた。中にはキラキラ光っているものもあると自慢していましたが、私の胆石は黄色と黒で全然美しくなく、毒蛇のような色でした。

そうやって体はずいぶん痛めつけられましたが、人間はやっぱり精神力というか、グッと堪えなきゃならないときがあります。私の場合は、戦争中と引き揚げてきて東宝に入るまでがそういうときでした。苦難といえば、確かにそうです。しかし、今となってみれば天が与えてくれた試練であり、今、求めようとしても、得られない経験でもあります。もちろん戦争は決してあってはならないけれど、懸命にあの時代を乗り越えて生き延びてきた事実があります。人にも助けられたし、運にも助けられた。そのことを忘れてはならないという想いを常に胸に抱いて生きてきました。今となっては経験という言葉に要約されるしかない幾多の外的な力が、「宝田明」という人間をつくってきたともいえるでしょう。その過程で培われた精神が今日までやってこられた原動力になっているのです。

あれがなければ、これがなければどうだったんだろうと思うこともある。ひょっとしたら、サラリーマン生活をつつがなくまっとうして、今頃は孫を側に置いて、年金をもらって穏やかに生活していたかもしれません。ところが、どうにも私の性格からすると、その線はあまり想像できません。とにかくこの年齢になっても、まだ欲張ってやりたいことがたくさんあるとわがままを言っているのですから、まったく自分でも呆れ返ります。

世界に広げたい『葉っぱのフレディ』

六十五年以上役者をやって来ましたが、「まだまだこれからだ」という気概は失せていません。芝居とは奥深く、ハードルを一つ越えると、また次のハードルが目の前に現れる、そんな世界です。特に舞台は、お客さんと一緒に物語の世界へ没入してつくり上げる「生きもの」です。これからもそうした現場で感動を届ける芝居、人間や命をテーマにした芝居をやっていきたいと考えています。

ミュージカル『葉っぱのフレディ―いのちの旅―』は、そんな想いの中で出会った作品でした。原作はレオ・バスカーリアというアメリカの教育学者の書いた絵本「葉っぱのフレディ―いのちの旅―」ですが、これを医師の日野原重明さんの企画・原案、今は神奈川県知事をされている黒岩祐治さんの総合プロデュースで舞台に仕上げたミュージカル作品です。初演は二〇〇〇（平成十二）年ですが、私は二〇〇六（平成十八）年から二〇一四（平成二十六）年まで出演しました。

小さな葉っぱの一生の物語です。葉っぱの物語だけでは芝居にならないので、私のような大人が出てきて、子供たちとのやりとりが描かれる。もう、子供たちが可愛くて感涙しっぱなしです。葉っぱが「どうして僕たちは一年で死んでしまうの？　もっとお役に立ちたいよ」と、たった一年の命を嘆くわけです。そこで老人は言います。「みんないつか死ぬ。けれど命はめぐるんだ」と。そう、命は尽きるものではなく「めぐるもの」だということをテーマにした高尚なミュージカルなのです。

日野原さんは聖路加国際病院で医師として延命のための治療にずっと取り組んできました。でも何か足りない、忸怩たる思いがあったのでしょう。あの本を読んで、「ああそうか、死は現実なんだから隠したり無理な延命をしたり、大丈夫まだ生きられますよ、なん

聖路加国際病院の日野原重明医師の意を酌んで出演した『葉っぱのフレディ—いのちの旅—』

て言っちゃいけない」と気づいたのだそうです。日野原さんはクリスチャンですから、神父さんに代わって死期の近づいた患者さんにそう説明してあげるようになった。やすらぎを与えるための回診を始めた。「『葉っぱのフレディ—いのちの旅—』をやりませんか」と日野原さんからお誘いいただいたときに、日野原さんのそういう意思に共鳴して、引き受けることにしたのです。

二〇〇六（平成十八）年公演では、当時の美智子皇后（現・上皇后）も観劇にお見えになりました。また二〇一〇（平成二十二）年には、ブロードウェイで五日間上演して連日満員でした。私は日野原さんに当初から「先生、花のお江戸ならぬ、花のニューヨーク、ブロードウェイでやりませんか」と提案していました。日野原さんは「うん、うん」と穏やかに頷いて聞いていましたが、三年くらい経ったら、「お金を用意しましたからブロードウェイでやりましょう」と。なんと日野原さんが関係者全員の旅費、運賃、荷物の配送からすべて手配してくれて実現したのです。おそらく日本のさまざまな企業から寄付を募ったのでしょう。あの先生から言われたら断れませんね、きっと。

公演はニューヨーク在留邦人、各商社の家族など日本人が四割、ほか六割がアメリカ人でした。レオ・バスカーリアの絵本が原作だということは知られているので、関心が高かったのかもしれません。演劇というのはそういう広がりを持つものなのです。『ファンタスティックス』を初めてオフブロードウェイで観たときの出会いとその後の広がりを懐かしく思い出し、演劇の持つ力にあらためて胸を熱くしました。

いつの日か、『葉っぱのフレディ――いのちの旅――』を台湾や中国大陸でもやってみたい。今や、照明も音響もアジア諸国の技術は日本に追いつけ追い越せですからね。クラシックバレエ教室なんかもたくさんありますから、そういうところから優秀な人を集めてレッスンしてやってみたいですね。幸い私には台湾や中国大陸にも昔の映画仲間がいます。彼らは「いつでも応援しますよ」と言ってくれています。これも心強いことです。

憲法九条は世界の宝

日野原重明さんは、医師としての活躍はもちろんですが、反戦、日本国憲法九条の大切さを講演や著書で伝えている方としてもよく知られていました。そんな日野原さんと私は「九条の会」での講演でもつながりがありました。

私が「九条の会」などで「憲法九条は世界の宝だ」という話をするようになったのは、「北区議会・憲法九条を守る会」で「記念講演会に出席してほしい」と依頼されたことがきっかけです。私も長く東京都北区に住んでいて、二〇〇五（平成十七）年に結成されたこの会に参加している議員さんからお声がけいただいたのです。こうして自身の戦争体験、引き揚げ経験から戦争の愚かさ、理不尽さを話し、「憲法九条」がいかに大切であるかを伝える機会をいただくようになりました。

憲法九条を擁する日本国憲法は、第二次世界大戦敗戦後、一九四六（昭和二十一）年十一月三日に公布、一九四七（昭和二十二）年五月三日に施行されました。

日本国民は、恒久の平和を念願し、
人間相互の関係を支配する崇高な理想を深く自覚するのであつて、
平和を愛する諸国民の公正と信義に信頼して、
われらの安全と生存を保持しようと決意した。
われらは、平和を維持し、専制と隷従、
圧迫と偏狭を地上から永遠に除去しようと努めてゐる国際社会において、
名誉ある地位を占めたいと思ふ。
われらは、全世界の国民が、ひとしく恐怖と欠乏から免かれ、
平和のうちに生存する権利を有することを確認する。

格調高く平和を謳(うた)うこの文章は、日本国憲法の前文の一部です。俳優人生において、私は与えられた役柄を演じることで、さまざまな人生を生きてきました。観てくださる方もいろいろですし、また役になりきるためにも、私はあえてノンポリを通してきました。しかし、一方で、年齢を重ねるごとに「人間・宝田明」としては、子供時代の戦争体験が、いかに人間形成や人生観に影響を及ぼしているか、また、それがいかに悲惨な事実だった

かということをあらためて考え直すようになりました。そして、実体験として語ることが、戦争を知らない世代に対して自分のできる役割であり、責任ではないだろうかと思うようになってきたのです。

日本国憲法第二章第九条には戦争放棄が明記されています。その一項は「戦争の放棄」、二項は「戦力及び交戦権の否認」です。これが、日本国憲法が平和憲法と称される所以（ゆえん）です。七十五年間、戦争に巻き込まれずにこの国が保たれたのはまさしく憲法九条のおかげです。

日本の歴史を振り返ってみると、明治以来百五十年は戦争に次ぐ戦争の時代でした。日清、日露戦争に勝ち、やがて軍部が台頭してきて満州事変、上海事変、日中戦争へ突入していった。資源が少なく、四方を海に囲まれたこの国では、海の資源は多少あるかもしれないけれど、鉱物資源が少なかった。山地が多いため農作物も不足する。活路を求めてという大命題を掲げて、大陸へと夢を描いて北進を続け、やがて日中戦争から第二次世界大戦へと突き進んでいきました。第二次世界大戦では、日本人だけでも三百五十万人の尊（とおと）い命が失われました。そういった過去の悲惨な経験から日本は何を学ばなければいけないか。その過ちの大きさは、今や歴史家によって明らかにされてきています。

ウイスキーの樽に例えるならば、強固な樫の木の樽の中に入れて、箍でしっかり締め、七十五年間、今日まで憲法というモルトを熟成させてきたといえるでしょう。時間の経過に伴って多少は気化したかもしれませんが、次第に濃縮されて、実に芳醇な中身ができてきている。それを、戦争を知らない世代の代議士や為政者たちが、箍を緩め始めているのが今の状態です。いちばん上の箍が外れ、真ん中のいちばんしっかり締めたところも緩んでガタついている。うっかりするとその中身がこぼれ出して大地に沁み込んでしまうかもしれない。時間をかけて熟成してきた日本の最高法規、世界に類のない平和憲法が今、そのような状況にあるんじゃないか。私にはそう思えてならないのです。

アメリカでは俳優も政治的な意見を主張しています。日本では政府に怖気づいていますね。もっと声を上げなくてはいけない。次の時代を担う若い人たちに私の話を聞いてもらって、彼らの心の中に平和の大切さの種を蒔きたい。平和の大切さを伝えられる人が少なくなっていきている今、そう強く思います。

〝ゴジラ〟の同級生としての役目

私はデビュー三作目で、『ゴジラ』に出演しました。今観ても、ゴジラという存在が投げかける核の恐ろしさ、反核のメッセージは色褪（あ）せていません。私にとってこの作品は、満州からの引揚者として帰国後の苦しい暮らしを耐えてきた中で与えられた運命の出会いでした。この作品がつくられた時代背景についてあらためて考えてみたいと思います。

一九四五（昭和二十）年八月六日に広島、続く九日に長崎に原爆が投下され、それから六日後の十五日、太平洋戦争を含む第二次世界大戦は終結しました。日本は世界で初めての、そして唯一の被爆国となりました。そのとき、満州にいた私は十一歳でした。

一方、大戦後の世界では、一九四九（昭和二十四）年にソ連の原爆保有がアメリカ政府によって公式に発表され、米ソの核開発競争時代が始まります。そして一九五〇（昭和二十五）年にはハリー・S・トルーマン大統領が水爆開発を指示、一九五二（昭和二十七）年には実験に成功。核開発競争の激化がうかがわれる中、翌年十二月八日、ドワイト・デビッド・アイゼンハワー大統領が国際連合で原子力の「平和利用」の演説をしました。核兵器の脅威と並行して平和利用という原子力の新たな利用法を打ち出したのです。

そうした世界情勢の中で、一九五四（昭和二十九）年三月一日、アメリカがビキニ環礁で行った水爆実験により第五福竜丸ほか数々の漁船が被爆した。広島、長崎の原爆投下からわずか九年後のことです。そして同年、『ゴジラ』が誕生します。第五福竜丸の事件を受けて、反核運動が盛んになってきた時期でもありました。世界の動きを見ても、広島・長崎に次いで起きた第五福竜丸の事件を受け、翌一九五五（昭和三十）年七月九日には、湯川秀樹を含むノーベル賞受賞者ら世界の知識人十一人が「ラッセル＝アインシュタイン宣言」を決議します。核の脅威に対して科学者の立場から警告をしたのです。

世界で唯一の被爆国である日本から、堂々と世界にアナウンスできる作品をつくろうということで、空想上の動物ゴジラが生み出されました。古生物ゴジラは海からよみがえり、東京を襲うわけですが、そもそも悲しいことに彼自身も被爆者、つまり冷戦の負の遺産という設定でした。こうした時代背景のもと、映画『ゴジラ』は空前の大ヒットを記録したのです。

『ゴジラ』は時代の要請に応え、国民の心情を代弁する作品でした。私はゴジラという偉大な「同級生」と共に反戦や非核という宿命を背負って役者人生をスタートしたともいえるかもしれません。

『ゴジラ』で訴えた核をめぐる問題は、六十五年経った今も解決されていません。私たちの生きる社会にとって本当に大切にしなくてはならないものは何かを問いかけ、それを訴え、考えるきっかけに私自身がならなくてはいけない。悲惨な時代の目撃者として私は自分の戦争体験を語るようになったのです。

シカゴ「Gフェスタ」での反核メッセージ

アメリカ国内第三位の大都市シカゴでは「Gフェスタ」という世界最大のゴジラファンの祭典が毎年開催されています。ゴジラファンは世界中にいますから、アメリカ本土だけでなく、ヨーロッパからもフェスを目当てにたくさんの人が集まってきます。私も何度か参加しました。二〇一九（令和元）年七月、私はその会場でサイン会とトークショーを行いました。三日間でおよそ三万五千人が訪れました。

『ゴジラ』は日本公開の二年後、アメリカでも上映されました。しかし、悲しいかな、当時のアメリカにとって都合の悪い部分はすべてカットして、別の俳優を仕込んで、ストー

世界最大のゴジラファンの祭典「Gフェスタ」ではサイン攻めに

リーも変えられていました。

「人間がこの地球上で原水爆開発の競争に明け暮れていると第二、第三のゴジラが出現するかもしれない」

志村喬（たかし）さん扮する古生物学者・山根博士の重要なセリフもカットされ、本物とはかけ離れた無残な『ゴジラ』がアメリカ国民に長く観られてきました。

今から二十年ほど前、初めて日本のオリジナル版がアメリカの大都市各地で上映されました。そのとき、ようやく『ゴジラ』に込められた真のメッセージが伝わったのです。米ソの冷戦は終わっていましたが、アメリカのスリーマイル島原子力発電所事故、ソ連のチェルノブイリ原子力発電所事故のあとだっただけに、原子力に対する脅威を肌感覚で知ったのでしょう。

第二次世界大戦終戦間近の一九四五（昭和二十）年八月といえば日本はすでに丸裸でした。そこまで弱った日本に、アメリカ軍は八月六日に広島に原爆を投下。なぜ一瞬のうちに十四万の人間を炭と化すまでの苛烈な爆弾を投じなければならなかったのか。その三日後、八月九日に長崎で一瞬のうちに七万四千人の命が奪われた。原爆の影響は未だに残り、後遺症で亡くなる人がいます。私が「Gフェスタ」で『ゴジラ』に込められた反核のメッセージについて話すと、集まったゴジラファンの聴衆（ちょうしゅう）は熱心に耳を傾けてそれを理解してくれました。

沖縄戦の真実

二〇一八（平成三十）年、映画『明日にかける橋　1989年の想い出』に出演しました。監督の太田隆文さんは若くて精力的な方で『向日葵（ひまわり）の丘　1983年・夏』『朝日のあたる家』など、「親子に伝える大切なこと」を美しい自然を背景に描いた、上質の作品を手がけています。その太田さんから「沖縄戦のドキュメンタリー映画をつくっているので、ナレーションをやってほしい」という話が持ち込まれました。私は戦争体験者ですし、お手伝いできることがあるのかなと思い、二つ返事で引き受けました。

二〇一九（令和元）年、私は『ドキュメンタリー沖縄戦　知られざる悲しみの記憶』をダビンググルームで何度も観ながらナレーションの録音をしました。

本来ナレーションというのは冷静な態度で、観る人に映像の意味をきちんと伝えることが責務だと思っていますが、この作品ではどうしても自分の感情移入に迫られてしまいました。特に最後の「なぜ、なぜ、なぜ……」と短い文を重ね、畳みかけるように問いかけるくだりでは、気持ちが昂ぶり、思わず涙してしまいました。いけない、いけない、もっと冷静にお伝えしなければいけないと思いながらも感情が抑えられない。自分の過ごしてきた少年時代、引き揚げ、ソ連兵とのいろいろな出来事が沖縄の惨状と重複してしまい、涙を禁じえなかったのです。

沖縄戦の真実を知って驚いたことの一つは、人間が防波堤にさせられてしまったということです。ガマと呼ばれる洞窟に避難した軍人と沖縄の住民でしたが、命の危機が迫ると軍人が住民を洞窟から追い出したのです。泣きやまぬ赤ん坊を母親に殺すようにも命じました。アメリカ軍の攻撃から身を守るために住民たちを〝命の盾〟としたのです。大変ショッキングな事実です。軍人は民の命を守るものではなかったのか、そのために武装しているのではなかったのか。無力な無辜の民を盾とするとは……。しかし、それが戦争の真実なのです。私は、軍人さんは正義を尊び、国民の範となるものと信じていました。人間をそのように変えてしまう、それが戦争なのです。

映画のロケーションで沖縄に行ったことがありました。一九六二（昭三十七）年頃だったと思います。初めてひめゆりの少女たちの祠の前に立ったときは、足がすくんでしまって動けませんでした。彼女たちの御霊がそこいらに浮遊していて何かを訴えていたのかもしれません。

一九五三（昭和二十八）年公開の『ひめゆりの塔』を観るまで、沖縄で何があったのか日本人は知りませんでしたし、知らされていなかった。一九四五（昭和二十）年三月二十六日に始まり六月二十三日まで続き、二十万人の犠牲者を出した沖縄戦ですが、一般住民が九万四千人も犠牲になったといわれています。沖縄戦ではアメリカ艦隊の艦砲射撃で住民一人あたり、四百七十発の爆弾が注がれたと知り、言葉も出ませんでした。

そんな衝撃的なニュースなのに満州にいた私は知ることができませんでした。まして、沖縄が本土決戦のための防塁になっていたなどということはまったく知らなかった。ですから、この映画には同じ時代を生きた一人の人間として沖縄戦を語る証言者に感情移入してしまったのです。スクリーンから伝えられる戦争の現実はあまりにも残酷でした。

人命は地球よりも重い

私の講演を聞いて、「宝田明は何を今さら平和を連呼してるんだ」と思う人もいるかもしれません。でも考えてみてください。あなたの息子が実際に戦地で死んだらどう思いますか。自分たちにとっての聖戦は相手にとっても聖戦なのです。

人間はこの世に生を受けた時点でみんな同じ価値を持っています。身分や階級の違いや貧富の差、国籍の違いを乗り越えて、人間の命は同じ価値を持っています。一九七七（昭和五十二）年九月二十八日、日本赤軍によるダッカ日航機ハイジャック事件が起き、およそ十六億円の身代金を要求されました。そのとき、福田赳夫内閣総理大臣は「人命は地球よりも重い」と言った。あの言葉は素晴らしかった。一人ひとりの人間の命を疎かにするような政治はだめです。

個のために国はあり、民のために公はある。政治家は個々の人から選ばれた代表なのですから、嘘をついたり不正をしたりして私利私欲にまみれてはいけない。人間としての基本的な清貧とか、徳と礼を尊ぶ素朴な美しき心を胸に刻んで仕事をするべきなのです。

最高学府を出た政治家や官僚たちに、そういう部分が欠落している人がいるように感じるのは私だけでしょうか。これは人生でもっとも大事な多感な時期に、詰め込みの勉強ばっかりやって来た歪みなのかもしれません。もちろん、そういう人ばかりではありません。そうでない人たちは静かに礼儀を持って規律を守って暮らしている、いわばサイレント・マジョリティ（静かな大衆）です。考えると何とも歯がゆいような気持になってきます。もう少し若かったら革命を起こしたいくらいですよ。

平和は一国だけではつくれません。満州でコスモポリタンに育ち、戦後、日本に入ってきた外国映画によって異文化を知った私は、それぞれの民族には文化があり、共存し、助け合うことで平和はつくることができると肌で感じています。

一九八〇年代に香港やシンガポールに行ったときのことです。大歓迎されましたが、子供たちはしきりに写真をほしがりました。「写真はもらうものじゃなくて撮るものなんだよ」と教えました。当時、日本にはすでに使い捨てカメラがあったので、そういうのをたくさん買って与えてあげればいいのにと思いましたね。また満州時代、中国人の子供たちを見ていて、この子たちにボールペンをあげたらどんなに喜ぶだろうなあと思ったものです。鉛筆しかありませんでしたから。それなので小学校訪問のとき、ボールペンをたっぷり持っていってあげました。モノで釣るわけでありませんが、軍事費をかけるくらいなら、ボールペンをあげた方がいいのです。ボールペンなら膨大な数を買えます。それが平和的な外交というものではないでしょうか。

平和を真剣に希求することは、命を尊ぶことです。鉄砲の弾をつくるより、相手の国にきれいな水や安全な食料、学用品、さらに医療品や生活困窮者に必要な物資を届けた方が遥かにいいでしょう。日本は世界で唯一の平和の法典を守っていく、そういうしっかりとした信念と覚悟を持った国でなければいけません。

エピローグ
私の願い

二〇一五（平成二十七）年から取り組んでいる『宝田明物語』は、私の戦争体験をもとにした音楽朗読劇です。八十一歳から始めた新たなチャレンジです。私の両親の言葉を入れたり、ソ連兵のセリフを入れたりして、台本は一週間くらいかけて自分で書き上げました。第一部は宝田明物語、第二部が歌をメインにした煌めくミュージカルコンサートです。歌でストーリーを伝えるためには、実力のある役者が必要で、井料瑠美、沢木順、青山明たち、劇団四季で活躍してきたメンバーに協力してもらいました。私の子供時代から始まる話ですから、当然、時代背景として軍歌も入れなきゃならない。軍歌というのは私らの世代にとっては、人間形成の必須アイテムです。ほかにも戦前、戦中、戦後の懐かしのメロディも盛り込むことで、苦しい辛いエピソードをノスタルジックに和らげています。歌の部分になると、懐かしそうに口ずさんでいるお客さんもいます。

　舞台上では役者六人が椅子に座って演じます。演劇だと場面背景の道具やさまざまな小道具、衣装などを揃えなくてはなりません。ところが朗読劇はセットがいらない。純粋に言葉だけで伝えるので、お客さんは聞いているうちに自分の中でどんどんイメージすることができる。感情移入して涙を流している人もいるほどです。余計なものを極限まで削ぎ落とした舞台です。私の戦争体験から東宝で役者となるまでのストーリーを綴り、出会っ

81歳から始めた新たなチャレンジ『宝田明物語』

た人、仕事への感謝、戦争の悲惨さ、平和への想いへと昇華(しょうか)させていきます。最後に平和への想いを込めて私が作詞した「私の願い」を歌って第一部は終了します。第二部は華やかなミュージカル曲などに続き、「青い山脈」を会場と一体になって大合唱して幕を下ろします。

「やるぞ」と声をかけたら、いつでも集まって来てくれる仲間がいるからできることです。それはこれまでに舞台でミュージカルをやって来た経験やつながりが培(つちか)ったものです。

私はアメリカでヒットしたダイナミックなミュージカルの日本版の数々を、帝国劇場や新宿コマ劇場などの大きな舞台で上演してきました。その際、もっとも気をつけたのはお客さんとの距離です。ミュージカルは歌詞をきちんと届けなくてはいけません。意味がわからないとお客さんの気持ちが離れてしまう。歌によって物語を進めていくのですから、歌詞は重要です。しかも、アメリカの音楽に日本語をあてはめるのは大変難しい。歌詞を翻訳しただけでは伝わりません。メロディになじむ日本語に置き換えて自然に伝わるように工夫されていなくては納得できない。いくら声を張り上げても、何を歌っているのか聞き取れないようでは伝わらないでしょう。私はどんなに大きな舞台になっても歌詞が聞き取りやすいように心を配ってきました。昔と今では曲調も変わりましたね。昔はワルツか四分の四拍子で、流れるような美しいメロディを大事にしていました。最近の音楽は散文詩を音符にはめたような印象です。五線譜に記すと、小さな幅の音の繰り返しという感じがしますね。

名作ミュージカルには、必ずヒットするような名曲があります。劇中の歌にはそのドラマを印象づける重要な役割があるのです。『キャッツ』なら「メモリー」、『マイ・フェア・レディ』には「踊り明かそう」、『南太平洋』だったら「魅惑の宵」、『アニーよ銃をとれ』だったら「ショウほど素敵な商売はない」といった具合に。

音楽というものは不思議です。音符の組み合わせ次第で、軍歌にもなるし、交響曲にもなる。あらゆる調べをつくり出し、心情に訴えかけるのですから。

『宝田明物語』は公演先の有志の人たちがつくった実行委員会によってチケット販売を含むさまざまな手配が進められます。規模はいろいろ。百人ほどの小さな会場から千人くらい集まる会場の場合もあります。

私には引き揚げの同級生が全国各地にいて、その人たちが公演をサポートしてくれています。引揚者でつくるハルビン会や白梅国民学校出身者の白梅会のメンバーたちです。また私の音楽朗読劇を支援してくれる女性グループもいます。そういう人たちが声をかけ合って各地に広がったのです。思わぬところで思わぬ方々との新しい出会いもありました。

二〇一六（平成二十八）年五月、宝田家の故郷である新潟県村上市の村上市民ふれあいセンターでの公演も忘れられません。畑の真ん中にポツンと建っているようなホールで、地元の人が中心になって準備に動いてくれました。私は事前に行って、興行の仕方をアドバイスしました。最初は数人だった実行委員会の人数が倍々と増えていき、私は再び労(ねぎら)いとアドバイスに伺いました。そのときに私は皆さんに言いました。「あなた方に私からは何もお返しはできません。私は決められたギャランティーだけはちょうだいしますが、あとは、どうぞ、皆さんの活動にお役立てください」と。こうして一つひとつ準備が進めら

自らの戦争体験を講演した『俳優として人間として』

れ、公演を行いました。

芝居が終わると、我々出演者が楽屋で片づけをしている間に、家路に向かうお客さんたちを見送るのは実行委員会の人たちです。お客さん同士が「よかったわねえ。感激しちゃった」とか、「懐かしい歌で思わず大声で歌っちゃったわ」と口々にいう声が彼らの耳に入ってくる。それが実行委員の喜びになるのです。劇場を出て来たお客さんが、今観たショーの世界から現実の世界に戻っていくときに、ロビーから出口までムッと黙り込んだままなのは、その演劇が面白くなかった証拠です。面白かったら自然と「よかったわねえ」という声が口をついて出るものです。それを聞けるのは実行委員だけの冥利(みょうり)。それが私からの唯一の〝お返し〟だといえます。

そういう場面を経験した人たちが、よその町に住む友達に話し、そこでも「ぜひ開催したい」ということになると私のもとへ連絡がきますので「いいですね。やりましょう」と私も出かけていく。こうした出来事が繰り返されて、全国各地に広まったのが『宝田明物語』なのです。

　華やかで大がかりな舞台は飽きるほどやって来ましたから、今はお客さんとコミュニケーションをとれる舞台がいちばんいい。見えない糸、ピーンと張りつめた糸があって、それが舞台上の役者と客席の皆さんとの間で一本ずつつながっているイメージです。その糸が切れそうだと察したら「ああ、切らないでください」と乞うような想いを引き出し、役者もそれに応えてさらに懸命に役を演じる。そういうところまでお互いの感情を持っていけるような舞台が理想ですね。

　六十五年以上続けてきた私の役者人生は、不思議なことに、自分の経験を歌と共に綴る物語を紡ぎ出しました。すべての経験が「役者・宝田明」「人間・宝田明」をつくってくれました。それはまた、時代の波に翻弄されながらも、めぐり合った人との一期一会と大切に向き合って、一つひとつハードルを越えてきた証しでもあります。

かつて同じ時間を過ごした白梅国民学校の友人たちとハルビンを訪問

こうした年月の中で、自ら詠(よ)んだ漢詩「送別歌」で、いつか会いに来ますと誓ったハルビンへは四回ほど足を運ぶことができました。小学校時代の友人ら有志を誘って行ったこともあります。テレビや雑誌で私がハルビンにいたということが知られると、全国から同級生が集まるようになりました。それが白梅会です。大陸育ちの我々は引揚者として多かれ少なかれ、祖国日本で異邦人(いほうじん)のような想いをしていますからね。子供時代を過ごしたハルビンは懐かしく、何度も訪ねてみたいわけです。学校を訪ねると当時を思い出してワクワクします。白梅国民学校だった場所はきれいに改装されて、馬家溝(マジャコ)小学校となっています。馬家溝とは地名です。毎回、子供たちが日本の旗を振って歓迎してくれます。

かろうじて昔の建物が残っているところを訪ねると、兄弟や友達と遊んだ記憶がよみがえります。当時の暮らしを懐かしみ、長い年月の風雨にさらされてくすんでしまった建物の壁に頬を摺り寄せ、涙をつと流す人もいるのです。「アジアのパリ」と称された華やかな街で過ごした幼き日がセピア色の写真のように脳裏によみがえります。

二〇一五（平成二十七）年にはフジテレビの終戦七十年ドキュメンタリー番組『私たちに戦争を教えてください』の取材でハルビンを単独訪問しました。ロシア兵に撃たれた場所や、かつての満鉄の社宅の近辺にも行きました。街並みは変わっても地形や道路には面影が残っています。当時を思い出しながら、くまなく歩きました。せっかくなので街中で出会った人に、日本に対する印象を尋ねてみました。日本と中国は友好を深めていかなければならないという若い世代の建設的な意見や、日本の経済発展を評価する声もありましたが、老若男女を問わず当時の安倍晋三政権を危惧していました。

大陸で暮らした者同士の結束は今なお続いています。しかしながら、戦後七十五年が経過し、蝋燭の火が消えるようにハルビン会も、白梅会も人数が減ってきています。白梅会の先生方も亡くなられてしまって、ご存命なのは愛媛県松山市にいる九十八歳の先生お一

生き別れてになっていた長女・敏子（右）と再会

人だけになってしまいました。

私には終戦当時、遠方で働いていて生き別れになっていた姉・敏子がいます。姉が帰国して再会できたのは、一九五〇年代後半になってからでした。社会党の原彪代議士が戦後初めて北朝鮮へ行って、在留邦人が収容所にいることが知られました。四十二人の婦女子がそこで生活していたことがわかり、帰国に向けて支援が開始されました。朝日新聞に掲載された名簿の中に「タカラダトシコ」とあったのを私のファンが知らせてくれたことをきっかけに、私たち家族は姉の生存に一縷の望みを見い出したのでした。

ところが集合写真を見ても不鮮明で姉かどうかよくわからない。それでも両親と共に姉に宛(あ)てて手紙をしたためることにしました。我々が日本に帰国していること、今の家族の様子などをあまり刺激にならないよう配慮した文章で便箋(びんせん)十枚ほどに綴り、私のグラビア写真の切り抜きも添えて原代議士に託しました。それから半年くらい経った頃でしょうか。舞鶴に帰って来ると連絡がありました。私は夜の撮影があって帰宅できたのは夜中でしたが、家に着くと姉がいました。懐かしい姉との再会に「姉さん！」と抱きつかんばかりに私は呼びかけました。しかし、姉はそれほど喜びも見せず、まるで別人のようでした。それは、やはり北朝鮮という国で長く暮らしていたためでしょうか。姉は帰国後、朝鮮語の通訳などをしていました。その姉ももう亡くなってしまいました。

　今や日本の人口は三分の二が戦後生まれとなりました。戦争の過(あやま)ちを語り継ぐ責任は、いずれその人たちに委(ゆだ)ねられることになるでしょう。歴史は変えられません。平和を願う力は、未来を生きる人を愛する力です。人間には勇気と決断が必要なときがあります。撃たれても、盗んでも、バッタを食べても生き延びてきた人間の残す言葉を、どうぞ覚えておいてください。今苦しんでいる人も、生きていればその先に想像もしていなかった幸運が待っているかもしれないのです、引揚者の私が俳優になったように……。新型コロナウイルスも私からみたら、経験してきた病(やまい)の一つと同じ。乗り越えるしかないのです。

走り続けてきた宝田明の物語は、まだ終わりそうにありません。子供の頃から変わらない「好奇心いっぱいの怖いもの知らず」は、新しいことにチャレンジし続けることでしょう。クライマックスはまだこれから。楽しみながら感動しながら、ちょっぴり涙を流しながら、私の物語を見届けてください。人間にとって本当に大切なものを決して忘れることなく心に留めて、一緒に叶(かな)えてまいりましょう。

世界中の人が互いに礼儀と敬意をもって共に生きてほしい。

手を携えて平和を共に目指してほしい。

それが「私の願い」です。

「**私の願い**」作詞・宝田明　作曲・沢木順

人は誰も　幸せを求めて　生きている
愛と優しさ　温もりを　探し続けている
それなのに　どうして人は　戦うのだ
それなのに　どうして人は　殺し合うのだ

相手の幸せ　考えれば　争いは起きはしない
相手の立場を考えれば　争いは起きはしない

戦争を起こすのは　一部の人　多くの犠牲をもたらす
命の尊さを踏みつける　心なき人たち
戦争となれば人は　憎しみが増してゆく
それをぬぐい去ることは　もう出来ない
それを止めるのは　私たちの一人一人の力
それを止めるのは　私たちの果たすべき使命

守り続けよう　我が子のために
守り続けよう　未来のために
守り続けよう　みんなの力で
守り続けよう　今の平和を

カーテンコール

甘えついでにもう一言

各位　女子們
各位　先生們

二〇二〇（令和二）年十月、歴史上初めて核兵器を遺棄する「核兵器禁止条約」の批准国が待望の五十カ国に達して、二〇二一（令和三）年一月二十二日以降、正当な効力を持つことになった。多くの人々が歓迎しているが、我が日本国は未だ批准せず、アメリカの「核の傘」に頼っているのは、唯一の戦争被爆国である日本の国民として悲しい限りである。

先陣を切って批准してこそ、日本の立場を世界に表明する絶好の機会であったのだが……。

国家の品格を問われることであろう。

さて、本書の上梓についてだが、実は二〇一八（平成三十）年に「銀幕に愛をこめて　ぼくはゴジラの同期生」（筑摩書房刊）が直近のものとしてあるので、当初は躊躇（ためら）ったのだが、発行元の株式会社ユニコ舎からの強い要望にお応えして、これが最後と出版の運びとなった。

ユニコ舎の代表取締役の工藤尚廣氏、同社専務取締役であり、特定非営利活動法人夢ラボ・図書館ネットワークの理事長である平川智恵子氏、同法人の理事である安木由美子さんにはひとかたならぬ献身的なサポートをいただいた。

特に工藤氏が私の故郷、新潟県村上市と同郷であり、ややもすれば忘れがちな記憶を呼び起こし、精神的な面で非常に助けていただいたことに心からの敬意を表したい。

甘えついでにもう一言。願わくば、ご一読くださった皆様がお親しい方に、特に私と同世代の方々にご喧伝（けんでん）くだされば、望外の喜びでございます。

宝田　明

謝謝大家

初演	作品名
1972（昭和47）年　9月	恋の死神／常磐津林中
1972（昭和47）年　11月	海を渡る武士道
1973（昭和48）年　2月	昨日今日淀の水あと
1973（昭和48）年　7月	川どめ三人旅／北海の花道
1973（昭和48）年　8月	耳の中の蚤
1973（昭和48）年　9月	泥の中のルビー
1973（昭和48）年　10月	郡上の嵐
1974（昭和49）年　8月	パノラマ島奇譚 夢の国・虹の島
1974（昭和49）年　9月	花木蘭
1974（昭和49）年　11月	旅情
1975（昭和50）年　8月	真夏の夜の夢
1975（昭和50）年　9月	あゝ2,557日
1976（昭和51）年　1月	慕情
1976（昭和51）年　8月	オズの魔法使い／ザ・ウィズ
1977（昭和52）年　2月	鶴の港
1978（昭和53）年　2月	愛の花道
1978（昭和53）年　7月	ワンステップトゥミュージカル
1978（昭和53）年　10月	今竹取物語
1979（昭和54）年　6月	南太平洋
1980（昭和55）年　7月	サンデー・イン・ニューヨーク
1981（昭和56）年　4月	Mr.レディ Mr.マダム
1983（昭和58）年　7月	真夜中のパーティー
1984（昭和59）年　8月	リトルショップ・オブ・ ホラーズ
1985（昭和60）年　5月	カサノヴァ'85
1986（昭和61）年　1月	たかが結婚、されど結婚
1987（昭和62）年　5月	キャバレー物語
1988（昭和63）年　3月	ビッグ・リヴァー
1988（昭和63）年　8月	ピーター☆パン'88
1989（平成元）年　8月	ピーター☆パン'89
1990（平成2）年　11月	シャーロック・ホームズの冒険
1991（平成3）年　7月	ラヴ・レターズ
1993（平成5）年　6月	ファニー
1994（平成6）年　3月	死と乙女
1994（平成6）年　11月	エンジェルス・イン・アメリカ
1995（平成7）年　2月	洪水の前
1996（平成8）年　3月	狸御殿
1996（平成8）年　11月	ロダンの花子
1997（平成9）年　3月	ご親切は半分に…
1997（平成9）年　10月	華の絆
1998（平成10）年　10月	BIG
1999（平成11）年　2月	裸足で散歩
2004（平成16）年　12月	34丁目の奇跡
2005（平成17）年　4月	ルルドの奇跡
2006（平成18）年　2月	スウィング・ボーイズ
2006（平成18）年　8月	葉っぱのフレディ —いのちの旅—
2007（平成19）年　7月	タイタニック
2008（平成20）年　3月	朝（あした）は7時 〜4人は姉妹
2009（平成21）年　7月	赤ひげ
2013（平成25）年　2月	ミー&マイガール
2014（平成26）年　3月	何処へ行く
2015（平成27）年　5月	宝田明物語
2015（平成27）年　8月	マリアと緑のプリンセス
2016（平成28）年　9月	ドラマティック古事記
2016（平成28）年　10月	朗読劇ミュージカル 「山崎陽子の世界」

初公開	作品名
1968（昭和43）年　3月	100発100中 黄金の眼
1968（昭和43）年　8月	空想天国
1969（昭和44）年　7月	緯度0大作戦
1969（昭和44）年　11月	水戸黄門漫遊記
1983（昭和58）年 ※日本未公開	愛你入骨
1983（昭和58）年　7月	プルメリアの伝説 天国のキッス
1984（昭和59）年　11月	しのぶの明日
1984（昭和59）年　11月	ザ・オーディション
1985（昭和60）年　2月	クララ白書 少女隊PHOON
1990（平成2）年　6月	あげまん
1992（平成4）年　5月	ミンボーの女
1992（平成4）年　11月	パ★テ★オ PATIO 〈劇場版〉
1992（平成4）年　12月	ゴジラvsモスラ
1994（平成6）年　11月	億万長者になった男
1995（平成7）年　8月	白鳥麗子でございます！
1996（平成8）年　5月	必殺！主水死す

初公開	作品名
1997（平成9）年　9月	マルタイの女
1999（平成11）年　1月	日本極道史 野望の軍団
2000（平成12）年　12月	首領への道12
2000（平成12）年　11月	世にも奇妙な物語 映画の特別編 雪山
2003（平成15）年　9月	福耳
2004（平成16）年　12月	ゴジラ FINAL WARS
2005（平成17）年　2月	ファンタスティポ
2007（平成19）年　6月	監督・ばんざい！
2007（平成19）年　11月	九転十起の男3 グッドバイ
2008（平成20）年　2月	破天荒力 A Miracle of Hakon
2013（平成25）年　10月	燦燦―さんさん―
2018（平成30）年　6月	明日にかける橋 1989年の想い出
2019（平成31）年　3月	ニッポニアニッポン フクシマ狂詩曲（ラプソディ）
2019（平成31）年　8月	ダンスウィズミー

■舞台

初演	作品名
1964（昭和39）年　10月	アニーよ銃をとれ
1966（昭和41）年　2月	キス・ミー・ケイト
1966（昭和41）年　11月	風と共に去りぬ（第1部）
1967（昭和42）年　6月	風と共に去りぬ（第2部）
1968（昭和43）年　9月	サウンド・オブ・ミュージック
1970（昭和45）年　7月	マイ・フェア・レディ

初演	作品名
1971（昭和46）年　1月	吉野太夫
1971（昭和46）年　4月	ファンタスティックス
1971（昭和46）年　5月	仕立屋銀次
1971（昭和46）年　8月	ボーイング・ボーイング
1972（昭和47）年　3月	裸のカルメン
1972（昭和47）年　5月	スイート・チャリティ

初公開	作品名
1960（昭和35）年　1月	現代サラリーマン 恋愛武士道
1960（昭和35）年　2月	山のかなたに 林檎の頬／魚の接吻
1960（昭和35）年　2月	嵐を呼ぶ楽団
1960（昭和35）年　4月	第三波止場の決闘
1960（昭和35）年　4月	ハワイ・ミッドウェイ大海空戦 太平洋の嵐
1960（昭和35）年　5月	娘・妻・母
1960（昭和35）年　6月	太陽を抱け
1960（昭和35）年　6月	接吻泥棒
1960（昭和35）年　7月	夜の流れ
1960（昭和35）年　11月	第六の容疑者
1960（昭和35）年　12月	サラリーマン忠臣蔵
1961（昭和36）年　1月	銀座の恋人たち
1961（昭和36）年　1月	出世コースに進路をとれ
1961（昭和36）年　2月	続サラリーマン忠臣蔵
1961（昭和36）年　3月	七人の敵あり
1961（昭和36）年　7月	香港の夜 A NIGHT IN HONGKONG
1961（昭和36）年　10月	世界大戦争
1961（昭和36）年　10月	小早川家の秋
1961（昭和36）年　11月	二人の息子
1962（昭和37）年　1月	女の座
1962（昭和37）年　1月	その場所に女ありて
1962（昭和37）年　3月	続サラリーマン清水港
1962（昭和37）年　3月	旅愁の都
1962（昭和37）年　4月	女難コースを突破せよ
1962（昭和37）年　7月	香港の星 A STAR OF HONGKONG
1962（昭和37）年　8月	私と私
1962（昭和37）年　9月	夢で逢いましょう
1962（昭和37）年　9月	放浪記
1962（昭和37）年　11月	忠臣蔵 花の巻 雪の巻
1962（昭和37）年　12月	月給泥棒
1963（昭和38）年　1月	女に強くなる工夫の数々
1963（昭和38）年　6月	ホノルル・東京・香港 HONOLULU－TOKYO－HONGKONG
1963（昭和38）年　11月	女の歴史
1963（昭和38）年　12月	やぶにらみニッポン
1963（昭和38）年　12月	暁の合唱
1964（昭和39）年　2月	ミスター・ジャイアンツ 勝利の旗
1964（昭和39）年　4月	モスラ対ゴジラ
1964（昭和39）年　5月	ひばり・チエミ・いづみ 三人よれば
1964（昭和39）年　7月	血とダイヤモンド
1965（昭和40）年　4月	こゝから始まる
1965（昭和40）年 ※日本未公開	最長的一夜 The Longest Night
1965（昭和40）年　8月	香港の白い薔薇
1965（昭和40）年　12月	100発100中
1965（昭和40）年　12月	怪獣大戦争
1966（昭和41）年　2月	女は幾万ありとても
1966（昭和41）年　8月	三匹の狸
1966（昭和41）年　10月	沈丁花
1966（昭和41）年　12月	石中先生行状記
1966（昭和41）年　12月	ゴジラ・エビラ・モスラ 南海の大決闘
1967（昭和42）年　1月	レッツゴー！若大将
1967（昭和42）年　7月	キングコングの逆襲
1968（昭和43）年　1月	春らんまん

■映画

初公開	作品名
1954（昭和29）年 6月	かくて自由の鐘は鳴る
1954（昭和29）年 7月	水着の花嫁
1954（昭和29）年 11月	ゴジラ
1955（昭和30）年 1月	やんちゃ娘行状記
1955（昭和30）年 1月	花嫁立候補
1955（昭和30）年 1月	天下泰平
1955（昭和30）年 2月	続天下泰平
1955（昭和30）年 3月	雪の炎
1955（昭和30）年 6月	新鞍馬天狗 夕立の武士
1955（昭和30）年 8月	獣人雪男
1955（昭和30）年 11月	青い果実
1956（昭和31）年 2月	逃げてきた花嫁
1956（昭和31）年 2月	奥様は大学生
1956（昭和31）年 4月	婚約三羽烏
1956（昭和31）年 5月	青い芽
1956（昭和31）年 5月	あの子が泣いている波止場
1956（昭和31）年 5月	大暴れチャッチャ娘
1956（昭和31）年 6月	森繁よ何処へ行く
1956（昭和31）年 7月	恐怖の逃亡
1956（昭和31）年 8月	ロマンス娘
1956（昭和31）年 10月	裸足の青春
1956（昭和31）年 10月	若人の凱歌
1956（昭和31）年 11月	天下大風
1956（昭和31）年 11月	婚約指輪 エンゲージリング
1957（昭和32）年 1月	歌う不夜城
1957（昭和32）年 1月	極楽島物語
1957（昭和32）年 2月	山と川のある町
1957（昭和32）年 3月	美貌の都
1957（昭和32）年 5月	ロマンス誕生
1957（昭和32）年 6月	サラリーマン出世太閤記
1957（昭和32）年 6月	恐怖の弾痕
1957（昭和32）年 7月	わが胸に虹は消えず・第一部
1957（昭和32）年 7月	わが胸に虹は消えず・第二部
1957（昭和32）年 7月	大当たり三人娘
1957（昭和32）年 9月	大学の侍たち
1957（昭和32）年 10月	青い山脈 新子の巻
1957（昭和32）年 11月	続サラリーマン 出世太閤記
1957（昭和32）年 11月	続青い山脈 雪子の巻
1957（昭和32）年 12月	青春航路
1958（昭和33）年 1月	愛情の都
1958（昭和33）年 1月	ジャズ娘に栄光あれ
1958（昭和33）年 4月	東京の休日
1958（昭和33）年 4月	弥次喜多道中記
1958（昭和33）年 8月	花の慕情
1958（昭和33）年 8月	ロマンス祭
1958（昭和33）年 8月	風流温泉日記
1958（昭和33）年 9月	続々サラリーマン 出世太閤記
1958（昭和33）年 9月	大学の人気者
1959（昭和34）年 1月	暗黒街の顔役
1959（昭和34）年 3月	大学のお姐ちゃん
1959（昭和34）年 3月	コタンの口笛
1959（昭和34）年 4月	或る剣豪の生涯
1959（昭和34）年 6月	大学の28人衆
1959（昭和34）年 9月	ある日わたしは
1959（昭和34）年 10月	若い恋人たち
1959（昭和34）年 11月	日本誕生
1959（昭和34）年 12月	サザエさんの脱線奥様

参考文献（五十音順）

「イエスを愛した女　マザー・テレサ―『聖女』の真実」アンセルモ・マタイス著　現代書林
「生きて帰ってきた男―ある日本兵の戦争と戦後」小熊英二著　岩波書店
「銀幕に愛をこめて　ぼくはゴジラの同期生」宝田明著　筑摩書房
「原子力時代における哲学」國分功一郎著　晶文社
「原爆災害　ヒロシマ・ナガサキ」広島市・長崎市原爆災害誌編集委員会編　岩波書店
「功利主義論集」ジョン・スチュアート・ミル著　川名雄一郎・山本圭一郎訳　京都大学学術出版会
「サムライ　評伝　三船敏郎」松田美智子著　文藝春秋
「城山三郎が娘に語った戦争」井上紀子著　朝日新聞社
「ソ連が満州に侵攻した夏」半藤利一著　文藝春秋
「東宝五十年史」東宝
「日本映画史　増補版」佐藤忠男著　岩波書店
「14歳〈フォーティーン〉満州開拓村からの帰還」澤地久枝著　集英社
「ふと目の前に　自伝エッセイ」森繁久彌著　小池書院
「別冊映画秘宝　初代ゴジラ研究読本」洋泉社
「満洲暴走　隠された構造　大豆・満鉄・総力戦」安富歩著　角川学芸出版
「無名の人生」渡辺京二著　文藝春秋

宝田明（たからだ・あきら）

一九三四年四月二十九日、朝鮮・清津生まれ。二歳の頃、満州のハルビンに移り、「五族協和」「八紘一宇」の精神のもとに育つ。ソ連軍の満州侵攻による混乱の際、右腹を銃撃され死線をさまよう。一九五三年、東宝ニューフェイス第六期生として俳優生活をスタート。代表作は『ゴジラ』『美貌の都』『香港の夜』『放浪記』など多数。『アニーよ銃をとれ』『風と共に去りぬ』『マイ・フェア・レディ』など舞台俳優としても活躍。二〇一二年に『ファンタスティックス』で文化庁芸術祭の大衆芸能部門大賞を受賞。二〇一五年、自らの戦争体験をもとにした音楽朗読劇『宝田明物語』を企画し、公演回数は五十ステージ以上に及ぶ。

送別歌

2021年1月30日　初版第1刷発行

著者　**宝田明**

発行者　平川智恵子
企　画　特定非営利活動法人夢ラボ・図書館ネットワーク
発行所　株式会社ユニコ舎
〒156-0055 東京都世田谷区船橋 2-19-10 ボー・プラージュ 2-101
TEL 03-6670-7340　FAX 03-4296-6819
E-MAIL info@unico.press
印刷所　大盛印刷株式会社

題　字　宝田明
構　成　安木由美子
写　真　高島史於
装　丁　芳本亨

制作統括　工藤尚廣（株式会社ユニコ舎代表）

企画協力　小暮恵子（株式会社宝田企画）
木村小左郎
田所和子
益田正史
田澤玲子

TOHOマーケティング株式会社
株式会社伊丹プロダクション
世界の艦船（株式会社海人社）
村上市郷土資料館

ISBN978-4-9911368-1-8 C0074